AF295515

Max Emanuelsson

ETT HJÄRTAS SKRIK

– Ále muital geasage –

Innehåll:

Prolog 7

Ett hjärtas skrik 19

Kärleken 23

I början 41

Attraktion 51

Förälskelse 65

Relationer 83

Otrohet 121

Livet kom emellan 127

Barnen 133

Andlighet 139

   Medialitet 141

   Healing 153

   Energier 157

   Tarot 161

   Ouija 164

Tomheten   167

Ensamhet   173

Can u see?   179

Matematiken   197

The darkness   201

Döden   205

Mål i livet   215

Hommage   225

- free ur mind -

Prolog

Det här är en bok, som inte är en bok, som handlar om kärlek och min relation med kärleken. Den innehåller även en passus om andlighet ur mitt perspektiv. Det är en terror av tankar, idéer och känslouttryck. Jag tycker om ord och leker emellanåt med orden. Vissa stycken är adresserade till icke namngivna personer och du får även ta del av händelser ur mitt liv. En del självupplevt, annat inte. Vissa stycken är resultat av "automatisk skrift", som kan ses som ett begrepp inom medialiteten. Det är viktigt att komma ihåg att boken är skriven ur mitt perspektiv, men jag är inte viktig i sammanhanget. Det viktiga och det centrala är och ska vara kärleken och hur kärleken har följt mig genom livet. När jag skriver detta känner jag tårarna som vill spricka igenom.

Kärleken ger sådan passion och längtan och i mötet med kärleken känner jag tacksamhet, ödmjukhet och glädje. Det är tårar av glädje som vill ut och det är lika bra att låta de flöda och fylla livet med kärlekens kraft.

Kan du, idag säga, fy fan vad jag älskar dig du underbara härliga människa och jag älskar vad du gör med mig, det känns alldeles fantastiskt underbart?

Just idag träffade jag en kvinna som jag absolut inte skulle ha något emot att gifta mig med. Giftermål per se, är egentligen inte viktigt, men jag älskar själva ritualen, handlingen och vad det gör med oss, när vi avger löften och visar vår kärlek för omvärlden. Det är vackert! Det är många faktorer som spelar in i just detta specifika möte, som tyvärr gör det omöjligt, vilket sätter mina övertygelser på prov. Kärleken finns där i alla fall och jag är tacksam, ödmjuk och glad över att få uppleva och känna denna kärlek. Jag skiter i att det är omöjligt, för jag är kär ändå och jag är säker på att det är nödvändigt för att kunna slutföra denna bok. I den här boken vill jag dela med mig och förmedla hur jag ser på kärleken, och försöka beskriva en del av mina känslor för kärleken. Kärleken är inte bara kärlek, den är så mycket mer. Så mycket, att det är svårt att sätta ord på. Nu gör jag i alla fall ett försök.

Min resa igenom livet har inneburit att växa upp i ett hem med alkoholism, försummelse och misär. Inte alltid och inte hela min uppväxt och det finns en del av mig som vill försvara hur det var med att det inte var så illa, egentligen, men det var ganska illa. Nu vet jag att jag inte är ensam i världen om detta och många, liksom jag, kämpar med att få finnas till. Det kan pendla mellan att kunna känna rätten till att få existera, eller smärtan över saker jag varit med om, med tankar som att övergrepp kanske var mitt fel, egentligen.

Det finns oändliga mörka bottnar i detta och kanske kan någon annan som också drabbats, finna stöd i att någon därute med smärtsam uppväxt, trots allt kan känna så stark kärlek. Kanske innebär det att den personen kan tillåta sig att känna sin egen kärlek, trots att han eller hon, kanske inte alls känner sig värd det, eller anser sig ha rätt att känna kärlek. Om det finns en enda person i vårt universum, som påverkas positivt av det jag skrivit, då har jag lyckats.

Den här boken hamnar hos sin läsare, den hamnar där den ska, utan att jag själv styr dess riktning. Jag ska göra så litet som möjligt och låta boken finna sin väg. Den som har oturen att komma över ett exemplar kommer förhoppningsvis att uppleva känslor. Känslor av tomhet, obehag, vällust, glädje och kanske sorg. Förhoppningen är att man ska lägga ifrån sig boken med en känsla av någonting, där även en känsla av ingenting tjänar sin betydelse.

Jag hoppas att den som läser får tillfälle

att reflektera över sitt liv och då främst sitt känsloliv, eftersom jag tror att det är den enda del av oss som har egentlig betydelse. Utan våra känslor är vi ingenting.

Allting har ett syfte, en mening, trots att jag har svårt att se nyttan eller syftet med människans existens i ett rent evolutionärt perspektiv. Alla andra varelser, organismer tjänar ett syfte objektivt sett, men med människan tycks detta syfte synnerligen oklart.

Jag kommer att berätta en del om min syn på livet och även låta dig ta del av delar av mitt liv fram till nu.

Detta är inte heller en berättelse i vanlig mening, det är ord i asymmetri, som kanske skapar ordning, vilket kan ge sken av en berättelse. Det hade kunnat finnas en tydligare struktur i denna berättelse, men det är ett val jag gjort, att tunna ut strukturen, till ett lätt strukturerat kaos, där det egentligen är du som kan finna en struktur, en mening.

Avsaknaden av struktur och ordning, tvingar dig att finna en röd tråd, som skapar ordning i kaoset, som väcker känslor som du kan, vill och måste blottlägga och hantera. Det är också en av anledningarna till att texten innehåller oklara syftningsfel, rekordförsök i långa meningar och brister i kommateringar. Det är meningen att det ska störa dig och kanske kan vi tillsammans se nyttan med att livet inte är perfekt, att även det till synes ickeperfekta kan vara en stor del av kärleken till livet och dig själv. På samma sätt upplever jag att det som betraktas som fult kan vara oerhört vackert. Vi söker gärna det perfekta, vackra, men på vägen dit eller bortom det vackra, uppenbarar sig det ofärdiga eller raserade vilket kan frambringa en mycket behaglig skönhet. Många gånger är detta vackrare än det som från början skulle ses som det mer perfekta vackra. Sträva mot perfektionen, men inse när du på vägen dit nått skönheten och njut av detta. Eller om man betraktar skönheten i konsten kan det handla om att skapa det bästa för att sedan vrida det till det yttersta vackra och detta vackra kan inte skapas i det medvetna intellektuella, vilket det perfekta kan göra, varför denna skönhet förefaller så naturlig och len.

Sträva efter mer och ibland blir det mer när det är mindre. Livet är en process som möjligen har en början och kanske ett slut.

Såvitt vi idag anser oss veta, börjar livet vid födelsen och slutar vid döden. Huruvida detta är sant, tycks ingen kunna svara på, på ett sådant sätt att det kan ledas i bevis. Om det är så att livet började före födelsen och slutar efter döden och att livet som vi känner till det, endast är en passus i våra riktiga liv, kanske det är så att det då finns ett syfte med att vi inte ska förstå detta fullt ut. Kanske skulle syftet med våra liv upphöra om alla visste att det endast var en liten del av våra riktiga liv.

Och när man blickat ut en stund är det kanske just en sådan avvikelse som gör att människan, tycks sakna en evolutionär mening. Kanske är det vi som är anomalin, kanske är det vi som är orsaken eller syftet.

Inspiration till denna berättelse har byggts upp över tid och det finns även andra berättelser som behöver nedtecknas. Orden är redan klara, precis som orden i denna berättelse varit klara en längre tid. De skulle bara tecknas ned.

Man bör också vara medveten om att om man möter kärleken med mig, så blir det stundom intensivt och kärleken blir viktigare än mycket annat. Detta kan skapa frustration och det kan vara svårt att känslomässigt värja sig.

Jag kommer i sådant fall att med en viss oregelbundenhet, att berätta för dig vilka fina kvalitéer du besitter, vilken fin människa du är, vad jag älskar hos dig och att jag älskar dig. Jag kommer att stå vid din sida och göra mitt bästa för att stötta dig, när du behöver det. Däremot kan jag ha svårt att ta emot, om du gör detsamma mot mig, och det är en del av min resa, att våga ta emot godhet, kärlek och omtanke. Och eftersom jag vet att det kan vara svårt att ta emot, vet jag att det kan vara svårt även för dig, men det kommer inte att stoppa mig från att ge. Det skänker mig däremot förståelse för att det kan vara svårt.

Samtidigt är det en av de utmaningar som finns i alla relationer, att visa och ge kärlek regelbundet och att kunna ta emot kärlek. Det kanske saknas naturligt utrymme i vardagen, till detta och det kan vara lätt att glömma i den dagliga hetsen. Kärleken måste vårdas och tas om hand, det går inte av sig själv.

Ansträng dig till att ge kärlek i vardagen och vårda kärleken till varandra.

Det här är min berättelse om min värld.

Vill du ta del av den, gör då det. Ta till dig det du vill och låt resten vara.

Jag vill understryka att jag inte är en mer speciell människa än du. Jag är en helt vanligt ovanlig människa som kämpar med mina vardagliga betyngelser, precis som så många andra. Jag har fel och brister, jag har gjort fel och begått misstag och jag kommer att fortsätta begå misstag, för det är en viktig och ofrånkomlig del av att vara människa.

Var sann mot dig själv, gå i kärlek, trots dina rädslor, det är värt det!

Våga riskera att göra dig till åtlöje, för kärlekens skull!

Och inte bara det — gör dig till åtlöje för kärleken, för Du är värd det!

Ett hjärtas skrik

itt hjärta skriker ut Ditt namn. Min längtan är så stor, så total. Hela min kropp skriker av Di. Vad gör du med Mi och varför? Tänk om Jag bara vågade, kunde, fick skrika ut till världen att Du är den Mitt hjärta trängtar. Tänk om världen bara var ljuv och kärleken brann i oss alla och alla hade tillåtelse att följa sitt hjärtas röst.

Jag står i affären och jag vill bara skrika ut till världen, säga till kassören att jag längtar efter just Di. Det är Di Jag vill ha, Di Jag vill vara med. Jag vill att det blir Du och Jag, om än så bara för en dag. Bara få vara Di nära, känna Din doft, känna Ditt sammetslena hår falla mot Mitt ansikte, genom Mina händer, känna passionens glöd. Känna Ditt hjärta mot Mitt, känna våra själar mötas... låta tiden stå still... känna Din varma kind mot Min, känna Dina andetag, känna våra själar mötas... låta tiden stå still... om jag blir Din, vill Du då bli Min? Vill Du ta emot Min kärlek, låta den omsluta Di, som Du aldrig omslutits av kärlek förr? Vill Du se kärleken i ljuset? Vågar Du känna marken gunga? Vågar Du uppleva Din egen kärlek, kärleken till Di? Hör du Mitt hjärtas skrik? Hör Du morgonens längtan, trängtan efter välbehag? Ser Du Min själs längtan efter Din själ, ser Du våra själar mötas? Ser Du dimman lätta, solen spricka fram. Känner Du solens strålar värma Di och föra Di till Ditt hjärtas längtans själ. Känner Du våra själar mötas, våra läppar snudda vid varann. Vågar Du låta Mi hålla Di i Min famn och låta själarnas dans få växa, våra andetag mötas, våra läppar mötas, fästa...

Vågar Du tillåta Di att drunkna i kärleken med Mi?

Följ Ditt hjärtas lust, Ditt hjärtas trängtan, lyssna till Din kärleks sång, skrik ut Ditt hjärtas skrik!

Skrik till världen — Jag längtar efter Di! Jag hatar Di för det Du gör med Mi! Gör det igen!

Skrik till världen — Du är det bästa som hänt Mi! Jag vill ha Di i min famn, alltid och för evigt!

Skrik till världen — Det är det värsta jag varit med om! Gör det igen! Gör det igen!

Låt våra själar mötas… låt tiden stå still… Du är den Jag vill ha!

- CAN U SEE? -

Kärleken

Tror du på kärleken? Tror du att kärlek överhuvudtaget existerar? Det finns de som hävdar att det vi kallar kärlek är människans största villfarelse. Dock hör man väldigt lite ifrån dem, vilket jag kan vara tacksam för, samtidigt som jag kan vara tacksam för att det finns de som har en annan syn än jag, på detta område. Jag tror att de flesta människorna är ganska så övertygade om kärlekens existens och dess kraft och det är genom att möta andra med en annan syn, som denna övertygelse kan befästas. Likt annan tro och övertygelse, är jag tämligen säker på att den avgörande punkten är om man upplevt kärleken eller inte. Kanske är det också så med en tro på Gud, en högre kraft, kontakt med andar, healing eller annat som också är svårt att leda i bevis. Det är lättare att tro på, när vi väl upplevt det, och kärleken är inget undantag, utom att kanske fler upplevt det, vilket gör att färre ifrågasätter det. Har man upplevt Gud är det svårare att förneka Gud. Har man upplevt andevärlden är det svårare att förneka andevärlden. Har man upplevt kärlek, är det snart när omöjligt att förneka kärleken, som tycks vara den starkaste kraften.

Med kärleken är det så speciellt betingat att den inte begränsar sig till känslor utan man kan älska andra saker eller händelser. För egen del ska det sägas tidigt, jag formligen älskar symmetri. När både former, händelser, livet och människor är i symmetri. Det ger en ljuv stämning i en del av kroppen och väcker en stämningsfull harmoni. Jag attraheras samtidigt av asymmetrin, oändligheten, det avvikande och det oförutsägbara i livet. Denna växelverkan, denna dans är så vacker, som när en symfoni bryts av en obestämd vacker melodi, innan tonerna åter går till symfonin.

Jag älskar den ljuva kärleken, så bedårande vacker och förförisk. Så lockande, så förutsägbar och samtidigt helt oförutsägbar, som skapar liv, attraherar och väcker passionen och längtan efter samhörighet och stämningsfullhet. Kan det bli mycket vackrare än så?

Kärleken träffar oss när vi minst anar det. Så skrämmande och samtidigt alldeles, alldeles underbar. Jag ber dig, jag ber mig, när jag måste göra mina val, låt mig då inte välja de enkla valen, de trygga, de invanda mönstren. Låt mig välja det okända, det osäkra, den väg som gör att jag måste välja, välja kärleken, var dag, var minut, varje ögonblick. Jag ber dig, välj det svåra, känslofyllda, komplexa, njutningsfyllda, passionerade, längtansfulla och förtröstande ljuva.

Livet är ofta inte vad det ser ut att vara, det döljs så mycket däri, som vi kan se och uppleva om vi väljer att se med klara ögon. Inte heller Kärleken är alltid vad den ser ut att vara. Ofta är kärleken mycket, mycket mer än vad vi ser. Om du tar varje känsla, tanke och handling av kärlek på allvar kommer du att se att hela ditt liv är som en stor ickesinande brunn av kärlek. När du väljer att skingra dimmolnen framför dina ögon, så ser du att dina ögon inte bara är dörren till och vägen till din själ, de är också vägen för din själ att ta del av ditt liv och leva ditt liv i närvaro och kärlek med dig själv i samklang med tillvaron som omsluter dig, som omsluter ditt liv. Med klara ögon tillåter du dig att leva och uppleva kärleken, så som kärleken är.

När det gäller kärleken, finns det en tendens till att vi begränsar oss, håller igen, följer våra rädslor och det finns en föreställning om att kärleken ska följa en viss mall. När det avviker blir det svårt att hantera och den omedelbara reaktionen kan bli att släppa kärleken och fortsätta med vad vi nu höll på med. Problemet är, att det är lättare sagt än gjort att släppa kärleken och frågan är om det är klokt att släppa denna livsnerv. Och om vi gör det, vad blir då nästa viktiga del som vi tycker oss kunna avvara? Vad blir då mitt budskap till mig själv?

Det går inte att undvika frågan, varför ska vi avvisa kärleken? Finns det någon enda anledning? Kanske kan vi komma överens om att kärleken är så mycket mer än fysiska förhållanden. Kärleken spänner över så stora områden, så att jag betraktar den som källan och grunden till livet. Kärleken är för mig en inneboende kraft hos alla människor och även allt annat levande. Kanske även döda ting, om det nu per definition finns döda ting.

Närhelst vi kallar kärleken, kommer den till oss, då den redan finns inom oss. Kanske ser den inte ut som du förväntat dig, men den känns. Tänk då på att kärleken kanske kallar på dig och om du hörsammar detta kall, blir helt upp till dig.

Vi ger och får kärlek varje dag, i stort som smått. Även om kärleken som sådan kan ges uttryck på olika sätt är det alltjämt ett uttryck av samma livgivande kraft. Utan kärleken skulle vi inte ha något intresse, som håller över tid, att söka möten med andra människor, bilda relationer eller föra arten vidare in i nya generationer. Vi skulle inte uppleva passionen eller längtan, sorgen eller glädjen. Mänskligheten skulle för länge sedan ha varit utdöd.

Jag har mött och betraktat mycket kärlek genom livet, men jag har även sett exempel på kärlekslösa situationer och situationer där kärleken varit missriktad.

Ibland händer det att jag möter kärlek som saknar riktning eller projektion, den bara är, så som den egentligen är. Kärleken i sig vill ingenting, däremot hjälper kärleken oss människor att finna vilja, syfte och mening. Vi kan välja kärlek och vi kan välja att avstå kärlek. Kärlekens syfte är att vi ska älska och låta oss bli älskade. Jag vet i vart fall att jag numer har extremt svårt att välja bort kärleken. För enkelhetens skull, kan jag säga att jag inte kan välja bort kärleken, smärtan blir för stor och livet är alldeles för kort, för att leva i den smärtan.

Kärleken är inte heller bara sådär mysig, gullig och omhuldande som man många gånger vill se den. Kärleken förpliktigar och i mötet med kärleken ställs det krav på oss som individer. Detta kan gälla personer som vi inte alls tycker om, kanske till och med känner hat gentemot. Det kan gälla personer som gjort oss eller någon nära, illa. Det paradoxala är att det inte går att hysa starka känslor utan ett mått av kärlek. Hatet är kärlekens motsats, och båda krafterna är motsatta sidor av samma mynt. Vi har i sådana situationer ett val, vi kan välja att gå med kärleken och lämna hatet bakom oss. Vi behöver inte älska våldsverkaren, men det skulle såklart vara ett effektivt sätt att ta död på hatet. En annan väg är att helt enkelt släppa taget och gå därifrån. Tyvärr kan det innebära att vi ändå belastas med känslomässig smärta om vi inte tar hand om känslorna. Känslorna kan vi dock bearbeta på annat sätt, vilket också är att rekommendera för att få hatets starka kraft att minska. Nackdelen kan jag dock uppleva är att jag inte tillåter mig att gå igenom hatet, känna ilskan och få utkräva hämnd. I stunden kan jag uppleva att det är just det jag vill göra, och våldsverkaren skall inte få komma undan. Dock vet jag idag att inget av det gör mig gladare eller lindrar min smärta.

Jag mår inte bättre av att vara elak tillbaka, däremot har jag fått uppleva styrkan i att få bearbeta smärtan och få släppa den. Smärtan kan då släppa taget om mig och jag är helt enkelt gladare och lättare till sinnet om personen eller personerna inte får någon makt över mig. Många gånger är det inte alls nödvändigt att konfrontera personerna, ibland händer det att det är värdefullt att få göra det, men det är inte nödvändigt.

Det mest kärleksfulla upplever jag, är att jag tar hand om mitt, min smärta, mitt hat, mina känslor och bara tillåter dessa känslor, och att de inte får ha någon makt över mig.

Många gånger är detta mycket lättare att tänka eller säga, inte lika lätt att göra, men kom då ihåg att det kräver ett åtagande från din sida, där du måste ta den hjälp som du behöver och också förstå att det är en process som kan ta tid. Gör ett åtagande, för din skull och bara din, vårda din kärlek!

Känn efter, var är du? Är du kär? Älskar du? Varför hånglar du inte? Väljer du kärleken?

Känn efter, och för ditt medvetande inåt och nedåt i kroppen. Föreställ dig ett litet klot av sprakande ljus, som du ser röra sig ner från hjässan, fylla ansiktet, känn hur det känns. Se ljuset vandra långsamt nedåt genom halsen, axlarna, armarna, fingrarna och tillbaka till bröstkorgen. Stanna upp och känn. Känner du kärlek till någon, ta då fasta på det. Låt ljuset vandra nedåt och fyll diafragman med ljus och kärlek, släpp ljuset fritt ner genom bålen, fyll höfterna, benen, fötterna, tårna och låt sedan ljuset vandra upp till hjässan igen, i din takt.

Känn nu efter var du har din kärlek, vem eller vad älskar du? Kanske känner du kärlek till dig själv? Låt känslan vara kvar en stund, några ögonblick, innan du läser vidare.

Väljer du kärleken? Varför hånglar du inte? Vad kan du göra för att släppa in mer kärlek, för att bli kär?

Det kan tyckas som ett svårt val, men är i själva verket väldigt enkelt. Det kan dock krävas mod och ansträngning att välja kärleken och att följa den vägen i vardagen. Mycket av det vi gör till vardags för oss längre och längre bort från kärleken och märkligt nog betraktas det som ett lite avvikande beteende att följa kärlekens väg och leva efter den i vardagen. Framförallt kan det krävas övertygelse att i vardagen göra val som går emot vad jag i situationen vill, för att göra det kärleksfulla valet. Och dessa prövningar kan vi ställas inför flera gånger varje dag. Jag kan behöva stå upp för mig själv för att beakta min personliga integritet, jag kan behöva härbärgera något inom mig, för att bevara något som givits mig i förtroende. Det kan uppstå situationer där jag kan se en lösning åt andra, men där situationen handlar om deras resa, inte min.

Det är deras väg till lösningen som är av vikt och inte mitt intresse att få leverera lösningen.

Ibland kan dessa situationer samverka och i dessa lägen är det viktigt att känna efter så att man inte ger avkall på sin egen inre styrka och kärlek, utifrån både aspekten att få leverera lösningen och därmed kanske åtnjuta uppskattning och aspekten att avgöra om ett avstående till lösningen kan innebära att jag hindrar flödet i energierna och motverkar syftet med att vara delaktig, samt det faktum att lösningen levereras vid given tidpunkt kanske är en del av mottagarens resa och syfte. Hela tiden ges skäl till avvägningar, vilket många gånger kräver ogrumlat sinne. Kärlek är att göra dessa avvägningar, se dessa sanningar och känna var kärleken hör hemma. Glöm inte att känna efter. Kärlek är att vilja förstå skillnaden mellan att se sanningen ur det egna perspektivet och ha förmågan att känna in en annan persons perspektiv och därtill inte påtvinga denna person sin egen sanning.

Hellre än att du önskar förändra en annan människa, upplev styrkan och kärleken i att acceptera personen som den är och i förlängningen även dig själv.

Kärlek innebär respekt för mig själv och andra, varför jag kan känna en vördnad för andra människor.

Det handlar också om att se människor, som de är och acceptera dem för deras livsresa. Ingen resa är den andra lik. En individs tillkortakommanden behöver inte nödvändigtvis betraktas som något negativt eller dåligt, det är snarare det som gör människor så vackra. En individs tillkortakommanden kan innebära en annan persons styrka. Det är inte bara våra förmågor som gör oss så perfekta som vi kan bli, utan bristerna kan ha minst lika stor betydelse.

Så kom det en dag, en ganska så medioker dag i övrigt. Livet rullade på i sakta gemak, inga överraskningar egentligen. Jag vill minnas att det fanns något orosmoln, som skapade lite stress, men egentligen inget ohanterbart. Jag är på arbetet och jag känner plötsligt en stark energi i mellangärdet, men fortsätter att jobba på. Kort därefter stiger en kvinna in i rummet och allt drar igång i kroppen. Jag blir så fylld av känslor att jag vill börja gråta, men har mest problem med att kunna andas.

Så kan det gå, historien fortsätter, men det centrala är att kärleken är stark, den träffar oss ofta i väldigt opraktiska situationer och den går sällan att kontrollera. Därifrån är det upp till människorna hur det ska fortlöpa.

Kärleken går dit ingen annan går

Kärleken når dit ingen annan når

Vågar du ta kärleken i hand in i

drömmarnas land

Vågar du låta dina drömmars land

bli din verklighet ibland

I början

Med lite tur kommer du att få uppleva nya bottnar i dig själv, kanske får du en ny syn på kärleken och livet, eller så kanske din nuvarande syn befästs. Du behöver inte gilla det jag skriver och du behöver inte hålla med, men du kommer att få ta del av det jag har att säga, som oundvikligen får dina tankar att vandra, som lika oundvikligt får känslor att väckas. Kanske återuppväckas, från att ha varit vilande en tid. Kanske blir det olika känslor, som skuld, skam, sorg, ledsamhet, glädje, lycka och ren och skär kärlek. En del känslor kan vara väldigt destruktiva och begränsande, men jag ser de som nycklar till att komma vidare, för att uppnå någon form av sinnesfrid. De är också känslor som är nödvändiga i kärlek.

De hjälper oss lika mycket som andra känslor att förbättra våra liv, göra val och utföra kärleksfulla handlingar.

När de känslorna har hjälpt oss, behöver vi ju inte låta de stanna kvar och tynga ned oss, utan vi kan ju faktiskt släppa dem fria.

De tidiga åren

Tidigt i livet var jag en ganska speciell kille, med sjukt mycket energi. Detta kunde ställa till det både för mina föräldrar, syskon och mig själv. Jag förstörde många gånger för mina skolkamrater, genom att vara utåtagerande. Av någon konstig anledning blev jag ändå accepterad bland mina klasskamrater, vilket jag idag är extremt tacksam för. Det var fina personer i klassen och mina vänner fanns också i klassen.

Vad jag minns var det i stort sett bara matematik som intresserade mig. Jag minns hur roligt jag tyckte att det var med mattetävlingar. Nivån på dessa var ju ganska banal, men stimulerade i alla fall, på något plan. Nivån på kemin och fysiken var bara tråkig, men ändock tillräcklig för att jag skulle fullfölja merparten av uppgifterna. Under denna tid blev det också ganska tydligt att mitt liv präglades av ångest. Jag hade ofta en olustkänsla i kroppen, som tryckte på. Jag började tydligare kunna se att mina handlingar utgick ifrån mina känslor. Det fanns då endast ett mål, att få ångesten att försvinna. Detta kunde ske genom att vara elak, verbalt. Tyvärr kunde jag göra människor ledsna, redan då, med mina ord. Ofta märkte jag av det själv och kunde säga förlåt. Ibland fanns det änglar bland mina vänner som gjorde mig uppmärksam på detta. Oftast lärde jag mig något av dessa händelser. Och jag har än idag nytta av dessa kunskaper, men jag måste fortfarande vara vaksam på mig själv, för jag kan sänka människor totalt. Det går av bara farten, när jag är stressad eller tyngd av obearbetade känslor. Och det förpliktigar, eftersom jag kan hitta de knappar att trycka på, som behövs för att göra illa.

Samma egenhet försöker jag idag istället använda i positiv bemärkelse och finna knappar att trycka på för att glädja.

Vid den här åldern börjar det bli klart för mig att jag bara vet vissa saker. I huvudsak saker, detaljer om människor. Jag ser deras begär, rädslor, oro, längtan och så vidare. Det är inte så att jag på ett medvetet plan vet att det är så, så jag kan inte dra nytta av det på ett aktivt sätt. Istället gör det mer att jag är rädd för vissa människor och har lättare att ty mig till andra. Mitt inre kaos försvårar för mig att göra aktiva, genomtänkta val. Istället blir det "puffar" av händelser, som att försiktigt varna för fara och välkomna det goda. För att veta att det är sant måste jag ibland, på ett mer undermedvetet plan, utföra handlingar som tar mig över den osynliga gräns som jag redan nu upplever. Det kan röra sig om att säga något eller göra något trots att jag vet att det går emot vad jag vet ska hända. Lite självdestruktivt, kan tyckas, men det leder oftast till att det jag redan visste befästs.

Tonårstiden

När jag började närma mig tonåren var det annat som lockade. Existensen, kärleken och behovet att göra annorlunda ökade. Många gånger reagerade jag på den lite stela och stringenta utbildningsformen som skolan innebär. Man utbildar till mycket stor del, utifrån givna ramar och lämnar väldigt lite utrymme för eget tänkande. Tyvärr handlar skolan mycket om att bara förmedla det vi redan vet, som någon annan tidigare formulerat och tecknat ned. Tänk att man behöver gå 9 år i skola för att förmedla detta. Det måste finnas effektivare och roligare sätt att göra detta på. Man skulle då kunna använda en del av dessa 9 år till att finna nya bättre lösningar och finna nya upptäckter. Kanske skulle det kunna motverka lite skoltrötthet, men det är en fråga för någon annan bok, någon annanstans, någon annan gång.

Kärleken började ta sig uttryck på andra sätt. Plötsligt var det intressant med tjejer på helt andra sätt och bråk och stök hade kanske andra syften. Jag var ohyggligt svag för flera tjejer i klassen och även utanför klassen. Romanser under mellanstadiet hade en annan dimension än de i högstadiet. Mellanstadieromanserna var lite mer oskyldiga och kanske renare i sin form, även om jag redan då hade starka känslor för mina flickvänner. Jag minns med ömhet två relationer, som jag fortfarande kan känna en viss vördnad för. Den ena tjejen blev så småningom min fru och mamma till mina barn.

I högstadiet blev det mer på allvar. Det uppstod gärna lite ägande över det hela och man var varandras ägodel när man inledde en relation. Eftersom jag kan ha lite svårt, när jag känner mig styrd, hade jag lite svårt med relationer. Detta lever kvar idag till viss del, vilket också förstärks av att ha vuxit upp i ett hem med alkoholism, där det varit svårt att bli tagen på allvar, få känna sig älskad eller bli lyssnad på. Jag flydde hellre in i dumheter och drömde om hur en relation skulle kunna vara, med all romantik.

När det så blev på riktigt, hade jag som sagt lätt för att känna mig fångslad eller kvävd.

Idag känner jag både sorg över att det var som det var, men även kärlek till det jag fått uppleva, även om en del händelser smärtar än idag och som kanske begränsar mig när det gäller att inleda intima relationer. I synnerhet kan jag uppleva svårigheter med tillit.

Något av det fina jag i alla fall fått med mig, är att alla kärlekar, oavsett om de varit besvarade eller inte, finns kvar inom mig och fyller mig med värme och glädje.

Hur viktig är kärleken i Ditt liv?

Du är min frid

min himmel

min livskamrat

du skänker ljus i mörker

du får mig att växa

Du är min kärlek

Attraktion

Attraktionen är den starka kraft som drar oss till varandra. Titt som tätt forskas det på olika sätt om hur detta egentligen fungerar och kort kan jag konstatera att det handlar om en sinnrik funktion som kombinerar psykologiska reaktioner med fysiska. Det tar max 10 sekunder innan attraktionen är etablerad. Det här är inte någon nyhet för väldigt många. Kanske känner man inte till vad en eventuell forskning visar, men man kan ha upplevt det skyndsamma förloppet som attraktionen innebär. Sedan kommer nästa fenomen, om attraktionen är ömsesidig eller inte. Ungefär lika skyndsamt ser man om attraktionen är besvarad. Efter det börjar det hända konstiga saker, som kan vara svåra att hantera. Kanske finns det något i vägen, hinder som är viktiga eller mindre viktiga.

Dessa detaljer har i sig väldigt lite med attraktionen, förälskelsen och kärleken att göra, men de kan inverka på våra beslut kring hur vi hanterar känslorna vidare.

Bara det faktum att vi behöver hantera känslorna i detta, påvisar ett behov om att försöka dämpa, dölja eller värja oss emot dessa starka känslor och drivkrafter som springer ur kärlekens hav.

Kanske är det så att det handlar om att den ena eller andra personen i detta attraktionsmöte redan har ingått någon form av relation. Då kan ekvationen bli ännu intressantare och möjligen är vi ett spännande attraktionsdrama på spåren.

Dramat behöver inte bestå i att något inleds och någon är otrogen, utan dramat uppstår i att man i detta skede tvingas att hantera sina känslor, samtidigt som man måste lista ut vad de står för, och man säkerligen kämpar med att förstå motpartens viljor, känslor och önskningar, samt hur vederbörande tacklar det.

För att ekvationen med lätthet skall kunna lösas, krävs ett visst mått av kommunikation på det ena eller det andra sättet och det kan vara delikat med beaktande av de eventuella andra parterna i relationerna. Man kan ju känna sig otrogen genom att bara ha dessa känslor och erkänna dem. Att därtill kommunicera dem, kan ju ställa den egna moralkompassen i spinn. Känslorna styr vi inte över, de kommer till oss, eller finns där av egen kraft. Däremot styr vi över våra egna handlingar och var gränsen går för eventuell otrohet varierar mellan människor. Endast jag själv kan avgöra hur jag ser på det och endast du kan avgöra hur du ser på det.

Nästa intressanta aspekt är när eller om, man skall kommunicera detta med den eventuella partnern. Jag själv har en stark önskan om att jag alltid ska vara så öppen och ärlig som jag kan vara, och samtidigt önskar jag att detsamma ges till mig. Inga lögner eller undanflykter, ut med sanningen bara, så kan vi hantera verkligheten därifrån. Dock finns ett problem med detta, för jag vill inte heller att det ska skada någon annan, bara för att jag har ett behov av att tala sanning. Att tala sanning fullt ut, kan jag då se som en självisk handling och hur man hanterar detta är upp till var och en, men jag tycker i vart fall att man skall göra dessa avväganden, oavsett utgången.

Därtill finns en risk att man faller ifrån sin sanning och missbrukar denna väg som kan bli en smitväg och väljer själviskt när man ska tala sanning eller inte. Men då har man glidit iväg från kärleken en hel del och har en del att arbeta med, känslomässigt. Jag brukar tänka, att vad är det mest kärleksfulla jag kan göra i denna situation? Detta kan innebära att jag inte agerar som jag vill, utan på ett sätt där jag känner att jag agerat riktigt.

När det handlar om en relation, så får man hoppas att kommunikationen är och har varit sådan, att man känner till hur motparten vill ha det. Min erfarenhet, efter att ha betraktat människor är att de allra flesta vill veta dylika avvikelser. Man vill inte bli lurad eller förd bakom ljuset och man är inne på områden rörande känslomässiga åtaganden, intimitet och känslor.

På det stora hela är det svårt att dölja attraktion och känslor för andra och många gånger vet omgivningen mer än vad de berörda personerna gör. När jag attraheras av någon tror jag att det märks väldigt tydligt. Och skulle det av en händelse inte märkas, ser jag till att det märks, i vart fall för den jag attraheras av. De här energierna är så otroligt viktiga och värdefulla, så det är i det närmaste en synd att inte släppa ut dem i frihet och visa dem. Men det får inte missbrukas och jag brukar försöka träda försiktigt fram, för att undvika skada. Min önskan om att vara sann och uppriktig kan inte gå före en annan persons rätt att inte behöva känna sig känslomässigt angripen. Denna gräns är emellanåt försiktigt hårfin och svår att förutse, men det brukar lösa sig i det verkliga livet. Det enda jag kan göra är att utgå ifrån det jag vet och lita på att hon har förmågan att hantera sina egna känslor och inte utgå ifrån att hon är en person som jag måste skydda genom att ingenting säga. Det måste nämnas att det är mycket lätt att anta fel när man ska gissa ur det uppfattas eller tas emot. Det kan vara så att motparten känner sig rädd för att ta kontakt, eller visa sina känslor, så om båda hänger på sargen, kanske det inte blir så mycket åka av, och det vore väl himla tråkigt. I min värld, katastrof.

Det är så gudomligt vackert att möta kärleken i en kvinna, där jag samtidigt får se en del av hennes brister och fel. Att få det synligt mitt framför mina ögon att hon inte är perfekt, gör henne så mänsklig och så "på riktigt". Detta tillstånd av att inte vara perfekt, gör henne samtidigt så perfekt och det är så fantastiskt vackert. Ren och skär njutning för ögat och mina sinnen.

När jag attraheras av någon brukar det betyda att det finns något i energin eller hennes utstrålning som väcker en del av mig, en annan del än jag kanske är van vid, dagligdags. Just denna faktor visar att det är händelser innehållande känslor som inte kommer fram varje dag och en signal om att det är speciellt. I detta stadium, kanske min häpnad och förundran är större än känslornas validitet. När jag känner, ser och upptäcker att attraktionen är besvarad, blir det plötsligt lite besvärligt och inte bara sådär galet upplyftande. Men även det besvärliga innebär en stark positiv känsla som får stångas med mitt intellekt, för intellektet vill minsann inte ha någon oro på torpet. *"Nu ska vi lugna oss och tänka ut strategier, för hur vi ska lösa detta på bästa sätt. Ve den som vågar känna och riskera att såra eller att bli sårad".* Men hjärnan har redan börjat, vad vill jag med detta? Betyder det något mer? Vad betyder det för henne? Vad vill hon? Behöver det vara något mer än just denna attraktion?

Svaret på den sista frågan är nej, men de övriga frågorna är alltid öppna för diskussion, eller utvärdering och där uppstår det ett visst skådespel, för att besvara frågorna. Och bara för att det är ett skådespel behöver det inte alls vara oärligt eller osant, snarare kan det vara frågan om att på riktigt uppleva samspelet oss emellan och då kunna utröna, hur detta samspel kan tolkas. Jag kan tycka initialt att frågorna i sig, kanske inte behöver ställas, ännu, men jag vet numer att det inte är jag som styr detta. Frågorna kommer per automatik. Däremot kan besvarandet behöva få ta viss tid, men man ser nu ganska snart att processen redan är igång, till någon del. Ganska snart har jag trots allt svarat på olika alternativ av frågorna och frågeställningen som kvarstår blir, vad vill hon? Hur känner hon? Frågorna kan göras många, men jag är i vart fall tämligen klar över att hon inte kommer att säga rakt ut;

"Hej! Jag är attraherad av dig. Jag är inte riktigt säker på vad det betyder. Jag skulle vilja ta reda på det, om du känner likadant".

Ganska enkelt, men tyvärr inte lika vanligt. Jag skulle kunna säga något liknande, men vet också att det ofta väcker rädslor hos mottagaren, då det uppfattas som ett annorlunda beteende. Jag har mötts av reaktioner, där intresset efter en tid visats från den andre parten, och att mottagaren reagerat så att man tror att jag bara är ute efter en sak (inte glass). Det är, anser jag, en naturlig reaktion, men slutsatsen dragen är egentligen inte adekvat. Emellertid är det just den risken jag tar om jag är för öppen i ett mycket tidigt skede och det följer då inte den normala, mer etablerade händelsekedjan som gäller beträffande relationsskapanden eller kärleksutbyten.

Det mer normala förfarandet tycks vara att man "dansar" lite fram och tillbaka och om man fortfarande dansar efter ett visst, outtalat antal danser, kan man föra relationen vidare. Det tycks önskvärt med någon form av gissningslekar, istället för öppenhet och rakhet. Detta skapar då en paradox i och med att människor i relationer säger sig värdera öppenhet och rakhet högt. Det är lite som att man säger att man vill ha det, men inte i början av relationen och frågan är om det inte kan bli en självmotsättning i detta, då det initiala skedet gynnar personer som inte kan vara öppna, ärliga och raka, emedan det kan vara ogynnsamt längre fram i en relation.

Nåväl, intressant, men kanske inte förvånande. Kärlek, attraktion och relationer är inte helt lätta saker att omfamna och det visar sig ganska ofta att i stort sett allt kan hända.

En väg att gå, kan också vara att bara låta alla tankar passera, leva på känslorna och låta det hela gå dit det går. Vilket i och för sig är det naturliga då känsloruset gör det omöjligt att följa rationella spår. Mycket tankar och känslor blir det och vi alla drabbas nog mer eller mindre av kontrollbehov och rädslor, när känslorna sätter fart. Oavsett vilket tycker jag att det är viktigt att man tillåter sig själv att bli och vara attraherad av någon oavsett vad det kan leda till. Det är gynnsamma, positiva och självutmanande känslor som kan motverka ohälsa i övrigt, även om man räds riskerna, eller kanske bara just tack vare rädslan och riskerna.

Över lag kan jag tycka att vi är lite elaka mot oss själva, då vi inte tycks ta attraktionskraften på allvar. Alldeles för många jag träffat, håller tillbaka och undersöker inte vad attraktionen betyder. Oftast finns det ett mått av ömsesidig attraktion och där, just där, blir vi elaka mot oss själva, när vi inte undersöker vad detta betyder. Många får därför leva i ovisshet. De som vågar får klarhet i de flesta fall, en del får uppleva en stund av vad kan upplevas som pinsamhet, andra en stund av glädje och några en början på en relation. Det finns mer att vinna än vad man riskerar att förlora. Den största risken tycks vara pinsamheten, och kanske lite obekvämlighet en tid därefter, men de potentiella vinsterna är i det närmaste enorma i jämförelse.

Förälskelse

Vågar du släppa ut din längtan i ljuset och känna kärleken passionerat? Vågar du älska själen du mött, passionerat och hämningslöst? Vågar du uppfyllas av längtan efter den andres andetag, beröring och det där leendet som gör att du får svårt att stå upp? Vågar du känna längtan efter att få älska med själen?

Förälskelsen kan vara stark och självbedräglig, så man fattar inte rationella och kloka beslut. Det är bra, för det kan hjälpa oss att våga släppa in nya aspekter av livet och bejaka mer av vad livet kan erbjuda. Riskerna ligger kanske främst i att förälska sig i en person som, inte är riktigt bra för en. Personen kan då ha beteenden som faktiskt visar sig tidigt i förälskelsen, men som man bortser ifrån, då förälskelsen i sig är så stark.

Risken finns då att man sugs djupare och djupare in i en förvrängd tillvaro av verkligheten och av sig själv.

Rätt använd, kan förälskelsen vara helt fantastisk, vad nu än rätt använd betyder. Jag upplever i alla fall att det är när jag tillåter mig att vara förälskad och uppleva dessa känslor som kommer med, men samtidigt kan förhålla mig någorlunda realistisk till den situation som jag befinner mig i, i relation till denna kvinna som jag förälskat mig i. Att tillåta mig att känna känslor för henne, men samtidigt vara medveten om att det kan visa sig att vi inte kommer att fungera ihop, och inte låta den medvetenheten hämma mig. Helt enkelt att försöka se på hela situationen med klara ögon och tillåta mig att stanna upp och reflektera över tillvaron, dels tillsammans, dels själv. För mig handlar detta om att skapa strategier för att överbrygga mina rädslor samtidigt som jag njuter av det positiva som kommer i livet, lite som att få åtnjuta lite av det bästa av två världar.

Förälskelsen kommer ibland som en naturlig följd av att man attraheras av någon. Det är inte säkert att jag blir förälskad i någon jag attraheras av, men troligt är att jag blir det. Detta kan ju skilja sig åt för oss människor. Det är ju trots allt möjligt att attraheras av någon utan att hysa vidare känslor, utan det är av mer fysisk karaktär. Dock kan jag inte säga att jag upplevt det. På gott och ont har jag valt bort den sexuella lockelsen som enskilt bärande element före ömsesidig kärlek, även om det inte varit ett medvetet val, så det blir svårare att se attraktionen som något annat än kanske försmak på kärleken och låta det sexuella komma lite senare. Kort sagt att kärleken måste finnas där om det ska bli bra med något mer och att känslor av kärlek krävs för att sexuell attraktion ska få fäste, för mig.

Förälskelsen är ju en fantastisk fas som jag tror att många både älskar och fasar. Hur som helst är det en väldigt energikrävande fas, som kan vara intensiv. För egen del uppstår lätt ett eller flera dilemman, frågan om förälskelsen är ensidig eller om den är besvarad. På den här punkten tycker jag att det är särskilt spännande och jag tror att förälskelse inte kan uppstå ensidigt, det finns energier som möts och finner varandra. Nästa utmaning är ju huruvida detta betyder samma sak för båda parter. Jag är oftast tämligen säker på vad det betyder för mig och kärlek vid första ögonkastet existerar i allra högsta grad, men för att energin ska fortleva krävs fortsatt energiutbyte. Den motsatta parten kanske inte alls är på samma plats i livet, på samma våglängd, och då ger det sig ganska snart om förälskelsen får fortsätta leva. I situationer som dessa lägger jag ut allt jag kan, uttrycker mina känslor och vad de betyder för mig, och så får det gå som det går. Mest handlar det om att jag inte vill ha något "spel", utan vill att de riktiga känslorna ska få mötas. En del vet jag älskar den fasen, "dansen" där man ägnar sig mer åt att locka fram svar, hellre än att rakt upp och ner uttrycka dem.

Att inte ge mig in i ett spel, gör ändå att förälskelsen kan fortsätta och få fortsätta leva, men jag slipper "geggan" och får lära känna personen på riktigt. När det blir ett för starkt spel eller dans, så kan det bli som att spelet på känslorna blir det centrala och när spelet lagt sig en aning, ebbar känslorna ut.

Den svåra avvägningen, kan jag uppleva, är hur ärlig och uppriktig jag ska vara. Jag har numer väldigt svårt för att ljuga om mina känslor, men det behöver inte innebära att jag per automatik måste uttrycka alla på en gång. Dock kan det vara ett hinder för att glida in i dansen, vilket i och för sig är bra, men det blir en avvägning som kan vara svår att göra. Det blir lite underförstått, att frågan ligger i luften; vad är syftet med min kontakt och då finns det liksom ingen återvändo, och frågan jag ställer mig är om det är ärligt av mig att invänta detta steg och även om inte detta "tassande" innebär att jag givit mig in i spelet.

Ibland kan det vara skönt och givande att bara vara förälskad utan att känna att jag vill något mer än just det, men då kan det vara passande att inte avslöja detta för mottagaren av förälskelsen, även om jag kan tycka att det är lite oärligt. Det kan upplevas som lite sadistiskt att förklara för någon att jag har starka känslor, men ingenting vill med det, om den andre faktiskt vill något mer. Många olika skäl kan finnas till att inte vilja mera.

Dock kan det även här bli knepiga

situationer och det är viktigt att jag inte tar ansvar för hennes känslor och agerar utifrån det. Det räcker gott och väl att jag accepterar och tar ansvar för mina känslor, min kärlek och min längtan. Plötsligt kan det annars bli att jag förminskar hennes värde och hennes rätt eller behov av att själv få hantera sina känslor. Jag kan exempelvis inte underlåta att uttrycka mina känslor för omständigheter som jag ej rår över eller för risken att jag blir tvungen att göra ändringar i mitt liv.

Hur vore det exempelvis om hon svarade ja på ett frieri? Det skulle ju innebära att jag skulle vara tvungen att göra förändringar och plötsligt anpassa mitt liv och tänkande utifrån ytterligare personer, men samtidigt är det den stora lyckan över att få utveckla kärleken.

Ur någon aspekt skulle det kunna vara skönt att bara "följa med" och inte tänka så mycket, men detta kommer ändå förr eller senare och det är oftast mindre krävande att låta det ha sin gång. Det räcker gott att jag inte stretar emot eller blockerar möjligheterna till kärlek i livet.

Förälskelsen som fas är gudomligt vacker och har sin gilla gång. Det är lika för alla som drabbas, men ändå så olika, för varje förälskelse är unik. Om man som jag lever mig in i känslorna till fullo, kan förälskelsen inte bara innebära en fantastisk njutning, utan också får jag känna på den smärta det kan innebära att känna alla känslor.

När jag blir förälskad får jag uppleva alla känslor som finns, några mer, andra mindre. Ett euforiskt ljus eller ett melankoliskt mörker. I ljuset finns känslorna som uppfyller mig, som ger mig självförtroende, jag känner mig upprymd, fantastisk, glad, sexig inte minst, som en lyckosam varelse helt enkelt. Ingenting kan få mig att känna mig värdelös. Jag är segrare i alla strider och lycka åt den som får vara med mig.

Samtidigt händer det att osäkerheten infinner sig, kanske är jag inte så bra som jag tror, kanske inbillar jag mig bara. Kanske är det ingen som vill vara med mig, egentligen. Här kan den melankoliska smärtan infinna sig, ett lidande som går igenom hela kroppen, jag fylls med ångest och tyvärr kan jag drabbas av bekräftelsebehov. Många gånger handlar det inte om att bekräfta mitt behov av att vara älskad, utan mest handlar det om att inte vara refuserad, avvisad, hatad och det jobbiga i att möta personen som avvisat. Är det på en arbetsplats kan det svåra också ligga i att jag skapat en situation, där föremålet för kärleksuttrycken, drabbas av en olustig känsla eller tryckt stämning, vilket kan innebära att jag bidragit till att skapa en försämrad arbetsmiljö för henne. Här kan i vart fall jag se att det mesta lägger sig över tid och ingen skuld finns, men frågeställningen om det varit bättre att hålla förälskelsen hemlig, i den mån det är möjligt, dyker upp.

Frågan ställs regelmässigt, och frågan får av mig samma svar; Kärleken behöver upplevas och förmedlas, oavsett om den blir besvarad eller ej. Hellre en obesvarad kärlek, än en kärlek som dolts. Det är lite som i terapi, känslorna måste ut och likt ett pussel, ska bitarna landa där de hör hemma och då kan det innebära en del av den sorgeprocess som följer av en kärleksrelation som aldrig blev av. Om man följer energin här ser man att hur jag bemöter kärleken är mer avgörande än kärleken i sig. Kärleken finns ju där, oavsett och den har i stort sett samma skepnad, genomgående.

Vill jag låta kärleken vara något jobbigt och svårmodigt, väljer jag kanske att inget göra, men om jag istället vill släppa den fri och låta kärleken flöda, gör jag något, oavsett vad som kommer ut av det. Blickar jag ut i min omgivning, ser jag med övertygelse att det är något som alla skulle må bättre av. Mer kärlek till folken! I denna bemärkelse ska man absolut inte blanda ihop detta med att springa omkring och vara otrogen. Det blir inte att sprida kärlek, möjligen sprider man annat. Därmed inte sagt att man inte kan träffa en annan person att ingå relation med. Det kan man tyvärr inte veta på förhand. Det viktiga för mig, är dock att man hedrar relationen och respekterar den, tillika parterna i den, vilket innebär respekt för mig själv och min partner och avslutar en pågående relation innan man inleder en ny.

Att få uppleva förmånen att bli förälskad, är en ynnest som kanske inte inträffar så många gånger i livet. Det tar tid och det går åt energi och man är inte riktigt fokuserad på en hel del annat, vilket inte heller medger direkt utrymme för hur många förälskelser som helst, genom livet.

Att möta en person, som utan att göra något annat än att finnas till, väcker så starka känslor inom mig, gör att jag tappar fotfästet för en stund. Jag vill inget hellre än att vara nära denna kvinna, känna hennes doft, se hennes leende, drunkna i hennes ögon, ta hennes hand och säga till henne att hon är den vackraste kvinna jag mött. Hon gör mig svag, för jag kan inte använda mina superkrafter på henne.

Tänk att få möta henne i en kyss.

Efter den känslan finns ingen tid, ingen plats i universum, allt bara är. Jag bara känner, mina ögon tårar sig. Allt är bra nu.

Jag måste kapitulera inför situationen. Jag kan inte påverka hur jag ska känna, för jag känner i alla fall, just det jag känner, oavsett vad mitt intellekt säger.

Förmodligen är det väldigt opraktiskt och kommer olämpligt.

Jag möter henne, ser henne, kanske betraktar henne på avstånd, men jag smälter direkt.

Det kan räcka med att jag vet att jag ska träffa henne, så blir jag glad, förväntansfull och lite, lite rädd. Jag kan inte styra mitt beteende, utan kan få tunghäfta, mild afasi, eller bara bli allmänt larvig. Plötsligt blir det viktigt hur jag uppfattas, för jag vill ju att hon ska gilla mig, beundra mig, älska mig och vilja ha mig och då duger det minsann inte att vara som vanligt. Jag måste köpa nya kläder, raka mig, klippa mig, dammsuga, torka golvet, tvätta bilen. Och så ser jag henne och allt bara rämnar. Inga tankegångar fungerar, känslorna i kroppen är bara fantastiskt härliga och så starka, så att jag stundom inte vill vara kvar i kroppen, "syntax error". Min gud, vilken kvinna, vilken känsla. Tänk att man kan känna så här.

Jag är även ödmjuk inför det faktum att en förälskelse inte alltid leder till besvarade känslor eller en kärleksrelation, men det är inte centralt, utan de frågorna är ju avhängda av på vilken plats i livet vi båda är, hur medvetna vi är om våra känslor, samt vilken vikt vi lägger på denna typ av känslor. En del människor gör exempelvis mer medvetna och rationella val och utesluter medvetet förälskelse ur deras liv. Andra ser denna typ av känslor som viktigast. Jag upplever nog att människor i gemen, möjligen befinner sig någonstans mellan dessa lägen, där både det medvetna, rationella och det starkt känslomässiga söker ungefär lika stor betydelse och att det dessutom kan variera över tid.

Bara det faktum att ha fått känna dessa känslor väcker en enorm ödmjukhet inom mig. Det är verkligen en ynnest.

Jag är tacksam över att jag tillåtit mig att släppa taget, i alla fall lite, så att jag kunnat uppleva dessa känslor. Även om det är energikrävande, lite jobbigt och lite läskigt, så är allt så galet underbart

.

Kärleken frågade mig idag

Vill du vara med denna kvinna

i nöd, lust, smärta och glädje

tills era dagar tillsammans tar slut

så ska det bli och så blir det

med kärleken hos dig idag

Relationer

Relationen till oss själva är trots allt den viktigaste relationen. För att kunna åtnjuta någon form av varaktig kärlek tillsammans med någon annan, är det av vikt att du har en god relation till och med dig själv. Relationer som sådana är väldigt intressanta, i alla former egentligen, men främst kärleksrelationer. Jag är verkligen ingen expert, när det gäller relationer, men jag har i vart fall min beskärda del erfarenhet från många olika typer av relationer. Jag kan utan omsvep konstatera att kärleken i relationer är kittet som gör relationen möjlig. Alla former av relationer kräver ett visst mått av kärlek, arbetsrelationer, vänskap eller kärleksrelationer. I alla former av möten med andra människor, sker någon form av utbyte. Det kan vara ord, handslag, blickar, kramar eller rörelser, och alla dessa utbyten består i någon mening av kärlek. Korta, kanske obetydliga möten, lite kärlek, även om en del kortare möten kan explodera av kärlek. Längre, starkare och mer känslosamma möten, mer kärlek, men i alla situationer, någon form av kärlek. Kanske är det kärlek att inte vilja vara otrevlig mot kassapersonalen, främst kärlek till dig själv kanske, men sannolikt spiller det över lite på personalen.

Och när jag möter människor är det viktigt för mig att på riktigt se dem. För mig är det kärlek. Jag är måttligt intresserad av kallprat, utan jag vill ha ett samtal med den som är du, utan jargonger.

Visserligen kan även kallprat innehålla ett visst mått av substans, men det krävs ofta väldigt mycket god vilja, för att hitta dessa stråk av substans. Ingen är betjänt av att jag tvingar mig att delta i det, lika lite som att någon är betjänt av att förledas till att tro att kallpratet är viktigt och då är det fel av mig att uppmuntra detta bara för att det kan verka som en smidig väg. Det känns rent krasst, oärligt. Dock ska jag medge att det kan finnas någon mening i ren social aspekt, utifrån att en person kan behöva prata av sig om oviktigheter för att bearbeta något annat viktigt och då kan jag se det som en handling i kärlek och kan förstå nyttan av att delta. Det kan även vara ett sätt att knyta nya kontakter, men då i mer begränsad mening, och kan få större nytta som en brygga till mer givande samtal. Det kan vara lite blandat och jag utesluter inte kallpratet, men det kan vara lätt att bli dömande och stryka kallpratet helt och detta på grund av rent mänskliga aspekter. Även jag kan ha bristande förmåga just den dagen, av flera orsaker, att bemästra mitt tålamod, eller mina känslor och försöka vara sådär gudomligt ödmjuk som man ibland kan önska att man klarade av. Återigen måste det bli kärleken som visar vägen. Hur ger jag på bästa sätt kärlek till mig själv och andra i just denna situation? Och jag tror att svaret blir givet, så att jag lyssnar in, försöker se dig, strävar efter att vara närvarande mentalt och vara så kärleksfull jag kan. I slutändan är det trots allt bara det vi kan göra, vara så kärleksfulla som vi kan. Vi är trots allt bara människor och med det har vi mänskliga begränsningar, även om vi kanske önskar lite mer ibland. Det är dock inte rimligt att ställa dessa enorma krav på oss själva, för det riskerar bara att skapa en massa skuldkänslor, till ingen som helst nytta och det räcker gott och väl att vara så kärleksfull som möjligt. Och i en relation tror jag att en av de få saker vi alla egentligen behöver, är att bli sedda för de vi är, respekterade, bekräftade som individer, lyssnade på och att bli älskade just så som vi är.

När jag träffar personer känns det viktigt att se dem, att kommunicera med deras själ. Detta kan upplevas lite annorlunda och ibland uppstår situationer där man känner att munnen och själen säger olika saker. Detta upplever säkerligen de flesta gång efter annan och kanske oftare med personer de känner.

Och kanske är det så att vi är lite ovana att möta människor som tycks se en, på djupet och som säger det han eller hon tycker, i synnerhet om det är något positivt.

Hur många gånger, den gångna veckan, har du sagt till din partner att du älskar honom eller henne, eller givit en komplimang, visat uppskattning för att hon eller han finns? Inte för något som han eller hon gjort, utan bara för att de finns?

Kanske möter man någon, och det händer konstiga ogripbara saker i rummet där man befinner sig. För egen del handlar det om att vissa sinnen skärps, andra avtar, energier som flödar kan skopas med sked, så starkt, så intensivt. Dofter förstärks, glädje infinner sig, jag kanske bara vill skratta och framförallt börjar jag prata märkligt. Säger kanske i sammanhanget konstiga saker, inga tankar fungerar rationellt, kanske lite svettningar. Det kan ta en stund för hjärnan att processa situationen och eftersom det är så härliga känslor kanske jag bara vill vara kvar i dem utan att göra något annat den dagen.

Sedan dyker en tanke upp, en tanke som omkullkastar mycket av det jag gjort fram till nu. I vart fall kan det första intrycket av denna tanke, meddela detta, och jag förbannar alla tankar som någonsin tänkts. Detta är mina rädslor som talar och mitt kontrollbehov som söker finna en lösning, struktur att vänja mig vid och när jag kapitulerar och förstår vad det är som händer, är det dags att jag erkänner för mig själv – Jag är kär!

Jag är tokkär! Jag vill bara skrika ut till världen och det känns som att kroppen skall spricka och skicka ut strålar av alla färger rakt ut i universum. Ingen kan någonsin ha känt så här. Ska det vara så här? Kan man överleva alla dessa känslor? Och vad gör man med dem?

Mitt i allt detta härliga pulserar rädslorna. Dessa härliga rädslor. Mums! Numer håller jag inte längre tillbaka känslor någon längre stund. Det har funnits tillfällen i livet när jag kuvat känslorna och inte tagit reda på om de kunnat innebära något mer i tron om att de ska dö ut av sig själv. Det har aldrig lyckats. Om det varit någon som jag frekvent mött till vardags, på ett arbete eller liknande, så blir det i det närmaste ren tortyr. Om det varit någon som jag inte kommer att ha någon interaktion vidare med, finns känslan ändå kvar och ligger som en saknad, en sorg, en bit som fattas. Jag tror att det är nödvändigt för alla som drabbas av liknande att på ett eller annat sätt konfrontera situationen, lämna ut känslorna till världen och se var de landar. Detta innebär ju att konfrontera rädslorna, våga och vara beredd på att stå där som ett fån, men det är värt det för att få se sanningen. Sanningen väger över och möjligheten att få se kärleken besvarad är alldeles för viktig. Risken att upptäcka år senare att kärleken var besvarad, men den blev aldrig uttalad, är trots allt mycket värre än att få sin stolthet skadad för ett ögonblick. Kanske är det de facto något att kunna vara stolt över – att ha vågat gå emot alla rädslor och all sans, för att kunna välja kärleken. Ibland blir den besvarad, ibland inte, men sanningen gör oss fria i dessa ögonblick. Våga älska! Var stolt över att riskera den eventuella pinsamheten i att bli refuserad.

Jag tror att det är det enda sättet för att kunna leva i kärlek, för att slippa fastna i ett förhållande som mer bygger på slentrian och lättjan över att det fungerar, mer än att det finns passion, glädje och kärlek i ögonen. Jag tror att jag är lite avvikande när det kommer till denna typ av val. Jag är måttligt intresserad av hur personen organiserat sitt liv, mer än att få en bild in i dennes liv, då det kan visa en del om hur personen är. Jag är intresserad av om det finns kärlek, något att bygga på snarare än att ingå någon form av affärsuppgörelse. Leva livet i kärlek. Därmed inte sagt att vardagen inte ska få plats, tvärtom, men det är sekundärt. Först finns kärleken, som sedan ger kraft, lust och energi till vardagslivet. Jag vet att det är lätt att bygga upp en kravlista på hur saker och ting ska se ut eller vara och sedan får kärleken pressas in om den får plats. Det kan fungera, men inte i mitt liv. Det enda som har beständig betydelse är kärleken och för att den sedan ska kunna leva och frodas, krävs öppenhet, god kommunikation och tillit mellan varandra. Detta ger också att det är ett fortsatt pågående arbete, att upprätthålla balansen mellan den rena kärleken och vardagen. När det händer att möten uppstår är jag numer, tämligen omgående, klar över när det finns kärlek.

Våra energier möts och finner varandra, men för den sakens skull är det inte säkert att det kan leda till något mer. I situation, häller jag ut känslor, på ett sätt som säkert kan uppfattas som skrämmande och lite överdrivet. En del påstår att man inte kan veta att man älskar någon förrän efter en viss tid. Vilket tidsspann skall då gälla för att det ska vara sant och riktigt? Finns det ett regelverk? Och vem bestämmer detta? Genom att lära känna sig själv, kan man ju också veta hur man vet att man känner en viss sak. Människor som efter en kort tid får höra att man älskar dem, tycks ha en fallenhet till att inte tro på det jag säger. Och kanske får man bara finna sig i att jag är avvikande på det här sättet. Jag är öppen för det mesta utan att det gått viss tid, men har samtidigt förståelse och respekt för att just du kan behöva tid. Du behöver inte vara som jag, det räcker alldeles utmärkt att du är som du. Och om du inte behöver tid, kan det faktiskt bli så att det blir jag som kan behöva lite tid, vem vet. Konstigare saker har säkert hänt i universum.

Jag besökte en gång en vän, på dennes arbetsplats. Jag mötte där en kvinna som jag endast bytte några meningar med och det fanns starka känslor i rummet. Inget mer hände. Vi sågs igen efter några veckor på en tillställning, tillsammans med samma vän. Hon hade sin pojkvän med sig, och alltså inte tillgänglig i den bemärkelsen. Vi hälsade och kramades artigt, men jag minns så väl hur hon nästan ramlade ihop. Min vän påpekade detta lite senare och jag förklarade samtidigt att jag egentligen inte gjort något, men var öppen för vad som än kunde komma ut av det. Jag kunde egentligen inte göra annat än att bara försöka njuta av det möte som varit. Jag vill inte vara en person som aktivt medverkar till att bryta upp en relation. Jag kan inte heller medverka till någon form av otrohet. Så om något skulle kunna hända, hade det varit tvunget att hennes relation slutade först. Jag hade inte på något sätt varit främmande för att diskutera situationen om hon haft det behovet, men ibland måste man helt enkelt acceptera situationer för vad det är. Vad det egentligen var i detta exempel, är inte helt säkert att gissa sig till. Inte alls säkert att det hela betydde något annat än ett starkt känsloutbyte. Just därför är det så viktigt att försöka uttrycka kärleken när vi får möjlighet. Det behöver inte betyda mer än så. Jag kan inte veta hur den andra personen värderar sina valmöjligheter, hur mycket kärleken ska påverka livet eller inte men om man utelämnar fakta berövas personen möjligen chansen att få välja kärleken och det synes i sig inte som ett kärleksfullt agerande.

Idag hade jag handlat annorlunda. När detta hände hade jag svårt att tro att hon skulle kunna ha någon egentlig nytta av mig, eller vara intresserad av mig, baserat bland annat på åldersskillnaden som var. Jag bestämde mer eller mindre att jag inte var rätt för henne, utan att låta kärleken i henne ha sin gång. Jag hade kunnat vara mer öppen för att ge henne utrymme till att utforska detta, utan att vi hade behövt passera några gränser. Även om gränserna hade kommit närmre och utgången var oklar, så hade hon även kunnat komma fram till att kärleken ligger hos hennes pojkvän och hon hade då kunnat vara mer befäst i denna känsla. Så med försiktigt navigerande hade hon kunnat reda ut betydelsen av sina känslor och oavsett utgång hade det för henne bara varit vinster. För min del hade jag kunnat få reda ut frågetecken, eventuellt ingå en vacker relation med massor av starka känslor och mycket kärlek, men jag lyckades inte segra över mina rädslor och förutfattade meningar. Numer försöker jag att undvika detta återhållsamma, lite hämmade beteende.

Så ut med känslorna bara, låt de landa där de ska, så blir det precis så som det ska vara, oavsett om det blir en fördjupad kärleksrelation eller ett refuserande. Kanske är man helt enkelt inte på samma plats i livet, för att detta möte skall bära frukt. Chansen finns ju också att det kan bli något annat och vardagarna efter detta kan sannolikt utvisa just det, men oavsett är det viktigt att göra sina val, som ett ställningstagande för eller emot kärleken, och stå för detta ställningstagande. Inte så konstigt egentligen. Så om vi möts, och jag säger till dig att jag älskar dig, så menar jag det. Det är inte säkert att jag känner attraktion till dig på ett sådant sätt att jag vill inleda en fysisk kärleksrelation med dig, men det kan göra det. Om det är så, kommer jag att göra det tydligt för dig, ganska snart dessutom.

När jag ser frid, ser jag dig

När jag ser lycka, ser jag dig

När jag ser glädje, ser jag dig

När jag känner längtan, ser jag

dig

När jag känner samhörighet, ser

jag dig

När jag känner kärlek, känner

jag dig

Något som jag klart vill understryka, är att det viktiga i kärleken är just relationen till andra människor, och det är när jag möter andra människor som jag ges möjlighet att på riktigt uppleva kärleken. Detta oavsett om det är en okänd person, mina barn, en arbetskamrat eller en käresta. Detta ska då ses i relation till att vissa trivs väl med att vara själva och andra har svårt att vara bland andra människor. Det gör utmaningen lite större, och än viktigare är det då att ta tillvara på de möten vi ges och kanske kan en sådan insikt ge att just dessa personer kan nå mer kvalitativa möten och de facto få uppleva mer direkt eller indirekt kärlek.

Så egentligen är ingen väg bättre än den andra, utan man måste finna sin egen väg och även vara beredd på att överrumplas och överraskas på vägen. Ju mer säkra vi är på vägen vi vandrar, desto större kan sannolikheten vara att det inte blir som vi tänkt oss.

Kärleken kan inte styras, kontrolleras eller förutses, den bara är, finns där och dyker upp när helst vi minst anar det. Detta ger också att det är troligt att den mest omöjliga kärlek är den mest rätta även fast det kan innebära större uppoffringar för att få finnas i denna kärlek. Ju mer arbete vi lägger i relationen, desto större belöningen, men man ska också ha i åminne att det handlar om relationer mellan människor, så för att det ska fungera krävs att båda delar samma önskan, kring just detta för att bygga en djupare relation. Trots allt, så är vi människor inte alltid rationella varelser. Vi sätter ständigt upp nya mål för oss själva och gör avvägningar runt vad vi upplever är viktigt och då kan det bli så att vi väljer bort sådant som är bra för oss känslomässigt för att välja sådant som är bra för oss materiellt eller statusmässigt.

Kort sagt är vi människor dubbla av naturen, å ena sidan väldigt förutsägbara, å andra sidan väldigt irrationella och oförutsägbara.

Till syvende och sist bör man nog öka energin och kraften, på att vårda de relationer som man mår bra av och som skänker glädje och kärlek.

Och bara för att man älskar någon, blir förälskad och galet kär i någon, innebär ju inte det att alla förutsättningar för en lyckad relation är uppfyllda. Man ska ju fungera ihop också och då kommer det nya utmaningar, för att det ska fungera i vardagslivet och när nya prövningar introduceras, som exempelvis ett barn i familjen, sätts relationer på prov, med omprioriteringar, sömnbrist, behov av återhämtning och så vidare. Det blir slitningar på relationen och det är i det närmaste oundvikligt. Det som blir intressant och av vikt är hur man hanterar detta, hur man prioriterar och hur man klarar att både ge och ta emot kärlek. Det måste finnas kärlek i vardagens stunder, för att relationen ska kunna leva. Det är så lätt att glömma bort vardagskärleken, men också så farligt. Visa varandra att ni älskar varandra och vill vara med varandra, för vi människor är lite behövande på den punkten. Det räcker inte att säga jag älskar dig när relationen startar och sedan aldrig mer, utan det är en ständigt pågående process om att visa detta i ord och handling, och det är en process som aldrig ska ta slut, för det är så härligt.

När det kommer till sexuella relationer kan de te sig på många olika sätt och har så gjort så länge människan funnits, vad vi idag antar. Öppenheten kring sex har också förändrat synen på sex i flera typer av samhällen. Sex kan vara ett vackert och fint uttryck för kärleken mellan älskande. Eftersom vi rent biologiskt upplever olika stadier av njutning kan man ha en önskan om att separera sex från kärleken. Visserligen kan sexet då, ändock vara ett uttryck för kärleken till sig själv. Tyvärr kan sex också utgöra grunden för olika typer av övergrepp, tvångsmedel eller andra kontrollerande sätt.

Genom åren har mina upplevelser lett till att jag upplever en lite skadad syn på sex. Jag kan se nyttan och behovet av att få utforska och upptäcka sin egen sexualitet och sina egna behov, men detta måste alltid ske på ett sådant sätt att någon annan inte lider skada. Tyvärr upplever jag att det är vanligt att man går med på sex i andra former än man själv önskar, för att tillfredsställa en annan person. Häri framträder en för mig, inre konflikt, rörande var gränsen går. Om jag kan gå över gränsen och accepterar mer än vad jag kanske vill, vad blir den känslomässiga konsekvensen och vilken effekt får det på relationen. De här frågorna är inte lätta att förstå, klarlägga eller hantera. Jag upplever att det i detta kitt av frågor finns en risk att man skuldbelägger sig själv, om man gått med på något som man mår dåligt av, eller om det är något man inte gått med på, och det kan även vara svårt att diskutera detta i en relation, tyvärr. Var hamnar kärleken i detta? Min uppfattning är att vi människor har svårt att samtala öppet och ärligt kring sex, trots att det i regel är en central del av en relation, oavsett om man har aktivt sex i relationen eller inte.

Och kanske är det så att vi män har svårare att samtala kring detta, än vad kvinnor har. Det är inget jag vet, men min känsla är sådan, vilket så klart färgas av att jag själv är man och det är svårt för mig att se kvinnors syn på detta, objektivt. Jag upplever i alla fall att det kan vara enklare att diskutera detta med kvinnor, så ett visst mått av skillnad kan det troligen finnas.

Vad jag vet idag är i alla fall att jag sedan en längre tid tillbaka har svårt för att uttrycka sex och nakenhet för tidigt in i en relation. Jag upplever att det är vanligare idag att även kvinnor tidigt i relationen vill ha sex. Jag ser inget fel i detta, men det fungerar inte riktigt för mig och det är lätt att man uppfattar det som en signal på att känslor eller attraktion saknas, när det för mig egentligen mest handlar om någon form av trygghet tillsammans med individen framför mig. Så ta det inte personligt om jag inte vill ha sex med dig på. Och jag tycker inte sämre om dig, om du är mer sugen, tidigt. Samtidigt vill jag understryka att jag inte på något sätt vill döma någon, för att man har en annan syn än min. Var och en måste få ge uttryck för sin sexualitet på det sätt som den behöver eller vill, utom i fall det skadar någon annan. Ha så mycket sex du vill, glöm inte att skydda dig mot vad än du behöver skydda dig emot, och när skydd mot sjukdomar och oönskade graviditeter är avklarade, glöm då inte det emotionella skyddet. Jag vill i alla fall lära känna dig lite innan vi har sex med varandra.

Och innan vi tar oss vidare kan det vara värt att fundera lite och reflektera över din relation till dig själv. Behandlar du dig själv med den respekt du bör? Ger du dig kärlek varje dag? Har du som mål att uppfylla dina egna önskningar? Vårdar du kärleken i ditt liv och vill du att ditt liv ska innehålla mer kärlek?

Reflektera över dig själv och vad kärleken i ditt liv har för betydelse.

Ta nu en stund att fundera över vad du kände medan du bläddrade dig igenom de tomma sidorna.

Kände du något? Kändes det inget speciellt?

Kan det vara så att det uppstod tankar och känslor enkom på grund av det faktum att det var tomma sidor? Om så, tror du att det kan vara så att du fick någon form av meddelande, ett känsloutbyte trots avsaknaden av skriven text?

Reflekterar du tillräckligt över dig själv och ditt liv, till vardags? Tar du dig tid att stanna upp och lyssna? Att lyssna på stillheten och tomheten i varandet? Där vi hör bäst är i tystnaden.

Relationen till dig själv är nödvändig för att du ska kunna fungera och existera.

116

Relationen i sig är konstant, emedan gestaltningen av relationen är ständigt fluktuerande, föränderlig och bygger på din närvaro och medverkan. Tiden reglerar denna rörelse, hur fort det går och om hastigheten är jämn.

Riktningen och hastigheten är de faktorer som du själv kan påverka och din egen påverkan bestäms av hur din relation till dig själv ser ut. För att kunna uppleva sunda, goda, växande och kärleksfulla relationer med andra måste du först bygga en sådan relation till dig själv. Det positiva i sammanhanget är att detta bygge inte behöver vara klart innan du bygger med andra. Det är en mer simultan process, där du kastas fram och tillbaka mellan relationerna och dig själv, för att säkerställa ett stabilt kontinuerligt växande.

Så för att älska andra måste du först älska dig själv. Det finns i ditt liv endast två absoluta faktorer att ta hänsyn till – relationen till dig själv och det faktum att du ska dö. Allt annat är rörliga saker som du kan påverka. Du kanske inte kan vara den som definitivt avgör saker och ting helt och fullt, men du kan i vart fall vara med och påverka.

Så börja med att älska dig själv. Du är en underbar varelse som har mycket gott inom dig. Du är en älskvärd person, även om du gjort fel någon gång. Dina fel och brister behöver inte definiera dig som person. Det är beteenden som du kan ändra om du vill. Ofta är oönskade beteenden en reaktion på negativa händelser. Så älska dig som du är och om du har sådana oönskade beteenden, försök då att ändra dem till något bättre, ta hjälp om du behöver och kanske även om du inte tror dig behöva.

I alla relationer finns en överhängande risk för förluster av något slag. Det kan vara en relation som tog slut, en relation som aldrig blev av, en förlust av ett husdjur, en familjemedlem, en vän, en bekant eller kanske en sak som man älskat. Listan kan göras oändlig och de ger alla upphov till saknad och sorg. Sorgen är inget som ska förminskas, utan är oerhört viktig att gå igenom för att tillåta sig att ta farväl, känna klart sina känslor och få tankar att falla på plats. Sorgen kan även hjälpa till att läka pågående relationer, för det är ju så att även en pågående men ledsen relation har ett behov av sorg.

Att tillåta sorgen att få verka kan ta

fram de känslor man behöver för att komma fram till lösningar på pågående problem. Det kan också frambringa känslor om vad som är viktigt, eller mindre viktigt i livet, vilket kan hjälpa till om vi behöver flytta fokus och byta riktning på livet. Så passa på närhelst sorgen kommer, ut med skiten och låt känslorna flöda och gör sedan det du behöver göra för att stärka ditt liv! När du låter sorgen verka kommer du att se att kärleken bär dig igenom alla känslor av elände, saknad, alla frågor som dyker upp, och känslor av glädje, hopp och acceptans. Se sorgen som en gåva, för den består av så mycket kärlek och hjälp.

> *Du är älskvärd!*
> *Älska dig själv!*

Otrohet

Otrohet är ett helt eget koncept och det kan nu köpas på burk i alla välsorterade affärer. Jag kan uppleva att det blivit mer accepterat med otrohet idag. Otrohet har sannolikt funnits lika länge som människan, även om det kanske inte alltid setts som just otrohet. Jag tycker mig skönja att det blivit vanligare, men det är inte säkert att det är så. Det faktum att man kanske pratar om detta mer än man gjorde förr, kan göra att det uppfattas som vanligare. Otrohet är en av de saker som jag har riktigt svårt att hantera och acceptera. Jag blir mest illamående, när jag tänker på det. Frågan som jag inte kan finna svaret på är, varför?

Samtidigt är det statistiskt sett ungefär var fjärde person i landet som är otrogen sin partner. Varför?

Jag kan uppbringa en viss förståelse för om man är i en relation och träffar en ny som man tänker inleda en relation med och därmed avsluta den andra relationen. Viss förståelse, men jag kan inte tycka att det är ok att slarva runt först och avsluta den pågående relationen efter ett tag. Det jag kan tycka är ok, är om man träffar någon och man inte inleder en relation, innan man gjort slut i den första. Men så fort man kliver över gränsen, blir det olika grader av svek inblandat och personen och relationen blir till viss del besudlad. Jag kan fortsatt ha en viss förståelse, för att man som människa agerar irrationellt, överilat eller inkorrekt, men det är fortfarande någon annan som drabbas av det och det som slår mig mest är måtten av oärlighet, svek och illojalitet som blir inblandade. Och handlingarna blir inte bara riktade mot andra utan även mot sig själv. På något sätt blir det en förståelig handling i stunden men klart destruktiv, med ingen som vinnare, bara förlorare. Jag har haft en tid då jag ansett att otrohet per definition egentligen inte finns. Otrohet är baserat på ett visst mått av ägande och en viss maktstruktur, samtidigt som handlandet snarare är ett symptom på något annat som är sjukt. Denna syn kan jag idag tycka är lite känslokall och för intellektualiserad. Ägandet är istället en form av överenskommelse, tyst eller uttalad, som baseras på de känslor man har för varandra. Denna överenskommelse kan jag istället uppleva är fin och vacker och den bör hedras. Och för att hedra varandra, känslorna i relationen och sig själv, ska känslorna och relationen som sådan tas på allvar. Kan man inte göra det, har man inte sådana känslor kvar, eller om kärleken drabbar en på annat sätt, måste man avsluta relationen innan man agerar på annan ort. Man måste hedra varandra och sig själv på detta sätt, genom att inte bryta det förtroende som byggts upp mellan själarna.

Känslor och sexualitet är så intima händelser, att man lätt kan känna sig bedragen om den andre, delar detta med någon annan på ett gränslöst sätt. Och det är inte säkert att det är en specifik händelse i otroheten som blir det värsta, utan det kan lika gärna vara tiden före eller efter som smärtar mest, eller kanske hela tidsperioden som det pågått innefattande de händelser, känsloyttringar, och kanske hemliga samtal, meddelanden och möten.

Till detta kommer det svåra faktum att inte kunna känna sig lika trygg, med den person som man normalt, kanske kunnat landa hos och känna trygghet med. Det går att resonera ganska långt i ämnet, men i slutändan är det ganska basalt. Otrohet bryter förtroenden och innebär känslomässiga svek. Det kan ge känslomässiga efterdyningar under lång tid och kan innebära svårigheter för den drabbade att komma vidare i livet. Det gör ont att utsättas för otrohet, så om du har ett val – var inte otrogen.

IGNARA IN AMORIS ICIDIT

AMOREM

Livet kom emellan

En kille bildade tidigt familj, med en tjej, som han kände mycket kärlek för. Kärleken för henne var omätbar. Den här killen hade haft en tuff uppväxt. med alkoholiserade föräldrar. Tidigt fick han tillsammans med sina syskon ta ett alldeles för stort ansvar för sin egen uppfostran. Han hade innan sin artonårsdag sett alldeles för mycket av trappuppgångar, nattbussar, tomma pendeltåg och tunnelbanetunnlar. Alldeles för tidigt hade alkoholen hittat sin väg in i hans liv. Redan då, när han blev pappa för för första gången hade han druckit mer än sin beskärda del. När han var onykter, blev han en riktigt kul typ, för det mesta och då kunde han komma i kontakt med sina känslor. I dessa stunder vågade han uttrycka den kärlek som bodde inom honom. När han var nykter var han alltjämt en kul typ, men hade inte lika lätt för att uttrycka kärleken. Framförallt hade omgivningen inte lika lätt att ta emot hans kärleksbetygelser. Så när familjebildandet startade ville han inte att hans barn skulle växa upp på samma sätt som han själv gjort, så drickandet blev mer kontrollerat. Men när det gavs tillfälle, var han inte den som spottade i glaset. Samtidigt föll det sig så att han arbetade hårt, med känslomässig distans till sig själv. Han slet hårt och blev omtyckt på sina arbetsplatser, blev erbjuden bättre tjänster som arbetsledare, platschef, som några exempel. Ibland tackade han ja för att han trodde att det skulle gynna familjen. Ibland tackade han nej, då det inte skulle gynna familjen. Det fanns tider då han hade flera anställningar samtidigt med schemalagd arbetstid på 12 timmar/dag, och även nattpass på helgerna.

Familjen hade nu flera barn och trots förutsättningarna, upplevde de att det fungerade ganska bra. De upplevde att det fungerade ganska så bra.

Det blev dock större och större avstånd till känslorna, familjemedlemmarna emellan. Även han själv fick större avstånd till sina egna känslor, som tycktes mer och mer inkapslade.

Efter ett antal incidenter genom åren, där man kan konstatera att livet plötsligt kunnat ryckas ifrån honom, började han att på allvar ifrågasätta sitt leverne. Hälsan började ta ut sin rätt, och då hans arbeten nästan uteslutande varit fysiskt krävande och stressfyllda hade kroppen en hel del att klaga på. Antingen lyssnar man på kroppens signaler frivilligt, eller så tvingas man till det. Han tillhörde den senare gruppen. Förebyggande arbete gällde ju bara andra, inom arbetet, och inte honom själv.

Vändpunkten i livet kom i samband med den oundvikliga skilsmässan. Han hamnade i någon form av känslomässigt haveri. Hela hans självuppfattning hamnade i strålkastarljuset. Han insåg till slut att han inte var den person som han ville vara. Alkoholen fick sparken helt och fokus hamnade på att hitta sig själv, hitta sina känslor och leta reda på den kärlek som fanns därinne någonstans. Med tiden fick kärleken en allt större plats i hans liv och han fick inte sitt liv tillbaka, utan han fick kontakt med den person han på riktigt var och han kunde skapa den person han ville vara, där kärleken är central och han började våga uttrycka kärlek i nyktert tillstånd.

Han kunde konstatera att det inte varit så enkelt att leva i kärlek, och det sker inte alltid med lätthet. Det krävs många gånger mod och styrka, och beroende på vad vi gått igenom, kan det vara lättare eller svårare att hitta kärleken. Men när man hittar den är det desto viktigare att ta tillvara på den, uttrycka den och vårda den med ömhet och respekt. För honom krävdes det en rad tillfällen som hade kunnat leda till att hans barn inte blivit till eller att de blivit utan far. Att tänka på och känna på den smärtan förpliktigar. Att bränna kroppen eller känslorna i båda ändar under alltför lång tid, leder inte till något positivt, för någon.

VERITAS LIBERABIT VOS

Barnen

Barnen och kärleken. Vad vore vi väl utan barnen? Ingenting egentligen. Tänk bara tanken att nästa generation helt enkelt slutar att föda barn. Då slutar allt med oss, för inga nya generationer kommer efter det. Inga småbarn, inga förskolor, skolor, barnsjukhus och så vidare. Vi avslutar tiden på jorden med ett antal äldreboenden, men få som arbetar där och den sista generationen får tyna bort och dö i förtid av svält och avsaknad av vård. Lite klichéartat säger vi lätt att barnen är vår framtid, men reflekterar sällan över hur vi ska vägleda dem in i denna framtid. Alla generationer är olika och därför är det viktigt att barnen får vara med och forma framtiden. Inte bara för att det är de som ska leva i den, utan för att de har nya infallsvinklar, idéer om hur framtiden ska gestalta sig.

Barn är egentligen ganska enkla varelser, de behöver mat, omvårdnad, skydd, lite vägledning och massor av kärlek.

De behöver bli sedda, accepterade, bekräftade och älskade för de fantastiska individer de är. Och när vi ser barnens behov ser vi att det egentligen inte skiljer sig särskilt mycket från vuxnas behov. Vi behöver ock bli sedda, accepterade, bekräftade och älskade för de fantastiska individer vi är. Allt annat är kuriosa. Det har bara blivit bortglömt på vägen. Som vuxen har vi dock förmånen att kunna göra oss hörda. Denna ynnest saknar ofta barn, även fast de många gånger försöker påkalla uppmärksamhet. Även stora barn har svårt att få bli hörda.

Vem lyssnar på barnen? Lyssnar på riktigt? Har de inte rätt att få sin röst hörd, att få vara med och påverka sitt liv? Är det en ynnest som vi bara förbehåller vuxna? Jag upplever i vart fall att samhället som institution inte lyssnar på barnen, man bekräftar inte den kärlek som barnen på sina alldeles egna speciella sätt försöker förmedla. Man har försökt med att lagstifta om detta. Trots det, så avfärdas barnens röst och detta påverkar såklart även familjerna i hur barnen bemöts.

Många gånger upplever jag att det inte är viljan som brister, utan det är förmågan hos de vuxna. Vuxna tar gärna över barnens talan och formulerar vad man tror att barnet vill och uttrycker det som barnets önskan. Istället för att barnets röst blir hörd, hörs någon annan som tagit över rösten. Många gånger, beroende på ålder, kan barnets åsikt vara tämligen banal och de kan även uttrycka rena fantasier, men det undanröjer inte barnets behov av att få göra sin röst hörd. Och vem bestämmer vilket behov som är banalt eller fantasi?

Vi måste gemensamt börja lyfta barnen och ta deras behov på allvar. Låt barnen få uttrycka sin mening, för då kanske de lyssnar på oss när vi blir gamla, om vi visat den respekten gentemot dem när de behövde det. Ge barnen all den kärlek de behöver och ge sen lite till. När du gjort det tar du fram den stora burken du stoppat undan och formligen öser kärlek över barnet. Det betyder inte att det bara är gull-gull, utan det är att visa respekt, acceptans för barnets behov av att få synas och finnas till och bli älskat bara för att barnet existerar. Och när du säger att du älskar barnet, visa det också i handling.

Det handlar också om att ge barnet frihet att utvecklas och utrymme att upptäcka sig själv.

Och du – gör det Nu!

Låt barnen vägleda Dig

Vara Din inspiration

Din sanning

Ditt ljus i mörkret

Skänk barnen din kärlek

Älska barnet inom dig

Låt barnet inom dig få fröjdas

Finna frid och kärlek

Andlighet

Andlighet kan vara ett mycket vitt begrepp. Jag betraktar det som den del av mig som inte är så fysisk, som riktar in sig på mina känslor, mitt personliga växande och mina handlingar. För mig omfattar det bland annat energier, healing, medialitet, en högre kraft, en gud, något som är större än jag själv.

Energier är hela tiden omkring oss och de omger allt. Vi kan vara olika känsliga för dessa energier och ha olika förmåga att påverka dessa energier, medvetet. Vi påverkar ständigt dessa energier undermedvetet, med våra tankar och handlingar. Vi kommunicerar med varandra och även människan är skapt av energier i olika bestämda former. Alla dessa former med en bestämd uppgift och med förmågan att förändra sig längs med vägen. Detta kan ses som något märkvärdigt, vilket det inte på något sätt är, utan är fullt naturligt. Alla kan påverka dessa energier och alla gör det redan. Man kan likna det som en del eller variant av kroppsspråk

Med detta i beaktande kan vi betrakta oss själva och se hur vi kommunicerar med andra och även de olika delarna av vårat jag, exempelvis det undermedvetna.

Experimentera, för med handen över någonting och känn hur det känns om du håller handen så en stund. Placera handen eller händerna på en vän och känn hur det känns. Man kan även skicka energi till någon som inte finns i närheten.

140

Det är inte lika säkert att mottagaren uppfattar det, medvetet, men nästa gång ni ses kan det dyka upp någon kommentar om att de tänkte på dig och har du tur ger de även dag för detta, som en bekräftelse på att ni haft en kontakt.

Medialitet

Även detta begrepp kan omfatta mer än en sak. Jag stannar vid att beskriva vad som kan ske under en kontakt med en själ som ej längre lever på jorden i en kropp. Även detta ifrågasätts på flera håll i samhället och även inom religioner ses utövandet av kontakt med andar, inte med blida ögon.

Vetenskapen har per idag inte lyckats fastlägga huruvida livet består efter döden.

På många områden brister vetenskapen, eller snarare brister vetenskapsmän. Jag tycker att det är aningen arrogant och framförallt naivt att säga att dessa saker inte existerar bara för att man inte kunnat bevisa dem vetenskapligt. Bara för att något inte syns eller att vi idag inte kan mäta det, innebär ju inte det att det inte existerar. Det var inte så länge sedan universum bara bestod av ett stort tomrum, med några galaxer och solsystem lite utspritt. Sedan upptäckte man att detta tomrum innehöll något, som man idag kallar mörk materia. Exakt vad det är vet man inte men man har accepterat att det är något. Samma gäller svarta hål, som per definition, idag verkar innehålla ett tomrum med enorm gravitation. Denna gravitation har man idag accepterat vara något. Så bara för att vi inte ser det eller förstår det behöver det inte vara så att det innebär att det inte är någonting där.

Men trots allt resonerande kring detta ämne, så har även jag haft svårt, att fullt ut acceptera att det finns en andevärld, att medialitet fungerar. Jag är en väldigt rationell person, som alltid krävt bevis för saker och tings existens. Ända fram till dess att det kan fastläggas, bevisas med någon form av vetenskaplig procedur, har jag haft uppfattningen att det endast utgör en tro, eller en trosuppfattning. Tyvärr innebär även vetenskapliga belägg, emellanåt ett visst mått av tro och en sanning i absolut mening existerar inte. När det kommer till medialiteten är jag idag helt säker på att det fungerar, men alla som utövar det i någon form, är inte alltid riktigt uppriktiga. Ibland blir det lite väl mycket uppträdande över det hela. Vidare har jag svårt att få ihop tankebanor som uttrycks av de som säger sig tro på vetenskapen, bara, och då inte tro på andevärlden. En del av dessa är vetenskapsmän, forskare, och jag har svårt att förstå hur de kan begränsa sig så starkt, i sina tankebanor och samtidigt hoppas upptäcka nya rön, nya sidor av mänskligheten och världen. Med stark övertygelse kan man hävda att andevärlden och medialitet inte existerar. Andevärlden och medialitet har inte kunnat bevisas vetenskapligt, inte heller motbevisats. En ganska avgörande anledning tror jag är att mängden forskning på området varit begränsad. På samma sätt kanske någon framhäver att andevärlden existerar, men utan att kunna presentera vetenskapliga, faktiska data, vilket kan resultera i att man ständigt kastas fram och tillbaka, mellan att tro, att veta, att inte veta till att inte tro. Man blir tvungen att förlita sig till sina egna erfarenheter och upplevelser och hur vet jag att de är sanna? Samtidigt tror jag att det är viktigt att ha en viss misstro till att det fungerar, för det tvingar oss att ständigt vara öppna för nya upplevelser och bekräftande av andevärlden.

Andar kan framträda på olika sätt, ibland som en svag skugga som rör sig i rummet, eller synfältet, ibland mycket tydligt som en person, ibland en energi som kan minna om ett stråk av ljus. Oftast när det kommer till personer kan man se delar av kroppen, som ett ansikte, en hand, eller kanske ett smycke som personen bar, eller en keps kanske. Genomgående upplever jag att de avger en doft, men det är väldigt olika från person till person, på vilket sätt man ser eller känner av en andes närvaro.

Medialitet är något som alla har till viss grad. En del har lättare än andra att utöva medialiteten, precis som att en del inte behöver träna så mycket för att snickra, måla, sjunga, spela instrument och så vidare. Det kommer mer naturligt för vissa än det gör för andra. Och precis som att en del har lättare för att läsa, har en del lättare än andra för att tolka de budskap som levereras från andevärlden. Oavsett vilket tror jag att det är ett gravt misstag att avfärda medialiteten, bara för att vetenskapen inte är tillräckligt väl utvecklad för att vetenskapligt kunna redogöra för hur medialitet fungerar. Så vad gör vi då, när vi har andlig kontakt?

Först och främst handlar det om kommunikation, vilket vi människor över lag har genomgående brister i. Vi har ju uppenbara brister i att kommunicera med andra levande. Nästa är att kunna växla medvetandet, så att vi riktar energin någon annanstans än vad vi är vana vid. Vi behöver också skärma av lite eftersom yttre stimuli innebär att vi riktar om energin till fel plats, lite som när vi samtalar med någon på en öppen plats, och någon gör något eller säger något en bit ifrån som stjäl vår uppmärksamhet. Då kan det vara lätt att tappa fokus på själva samtalet. Inte särskilt konstigt. Nästa utmaning är att tolka och förmedla budskapet och hålla kvar fokus på den andliga kontakten, annars är risken att anden "smiter", eller att man tappar kontakt. Då kan man få hålla på med att skapa ny kontakt för varje mening, vilket kan bli väldigt tröttsamt.

Så när du försöker med detta kan du börja med att sitta på en stol, fokusera på att bara sitta där egentligen och göra så lite som möjligt. Låta tankarna flyta och passera en stund. När du känner att det börjar lugna ner sig i skallen börjar det närma sig för dig att försöka ta kontakt. Med tiden kommer detta steg att ta mindre och mindre tid i anspråk, eftersom du blir mer van. Normalt är att man till en början lägger ner mer tid på detta steg, för att förvissa sig om att man stänger ute en del av sig självt. Man kan jämföra detta med lite av självhypnos eller ett djupare meditativt stadium. När man är i detta stadium börjar man vandra med sinnet, och föreställer sig att man bygger upp sina energier runt omkring sig och ser framför sig att det finns en gräns där energin slutar, som en bubbla, eller en gammal dykarklocka som omgärdar dig. När du är tillfreds i dessa energier, tänker du tanken att du bjuder in en ande in i din energi. Du kan få upprepa detta och var sedan vaksam på vad som händer. När man får kontakt känns det oftast i kroppen som en förlängning från energislutet. Se sedan vad du kan se framför dig, utan att öppna ögonen, lyssna om du hör något, känn efter om det är nya dofter. I detta stadium är det knepigt att verifiera andens identitet. För att kunna göra det på ett sätt som gör att du tror på det krävs ofta en mer neutral person som du levererar informationen till, som självständigt kan säga vem det är och då samtidigt bekräfta att det rör sig om en ande och inte en produkt av din fantasi. Därför är det troligt att du liksom många andra får ägna en hel del tid åt att göra samma saker, för att uppnå lite olika resultat. Det är viktigt att den du lämnar meddelande till inte pratar för mycket som svar, när du lämnar budskap. Ett visst mått av bekräftande är bra för att upprätthålla energierna och kontakten, men helst ska ingen ny information lämnas av mottagaren, för att dels undvika att man börjar gissa svaren och även undvika att din hjärna går igång och börjar analysera svaren. Vitsen är att hålla den styrande delen av dig själv lite passiv och mest förmedla vad som kommer till dig.

150

Helst ställer du inga frågor till mottagaren och även frågor som mottagaren ställer till dig, ska du låta marinera en stund för att få svaret från andevärlden. Det är dock lätt att man själv går igång och lämnar ett svar som verkar rimligt, men då kanske det inte lämnas från andevärlden. Så om du ska besvara frågor kan det vara fiffigt att låta de komma mot slutet av sessionen. Jag brukar föredra att titta bort från mottagaren, vända mig om, eller blunda. Absolut lättast är att blunda, för att stänga ute intryck, men det kanske inte är lika roligt. Man får då göra en avvägning. om det ska bli bra kontakt och budskap, eller om det ska vara roligt. När man är klar, kan man diskutera huruvida budskapen stämde, både för din och mottagarens skull. Och då ska man också komma ihåg att budskap som är rimliga för mottagaren, kan te sig mycket märkliga för dig. Glöm då inte att budskapen inte är för dig, utan för mottagaren och du blir förmedlaren.

Detta blir än tydligare när det kommer till transmediumskap. Det kallas för transmediumskap för att personen, mediet, avstår än mer av sitt ego, till förmån för en starkare kontakt med andevärlden och man kan säga att man befinner sig i en form av trans. Jag skulle hellre vilja likna det vid när man befinner sig i hypnos och man låter anden ta mer kontroll över främst rösten, men kanske även armar och ben. Oftast gäller det rösten eftersom det är budskapen som är det centrala målet. Som medium är det inte säkert att man uppfattar allt som sägs, men normalt känner man vad som förmedlas, själva andemeningen i budskapet och man minns vad som hänt, om än inte i detalj. Inga större konstigheter, egentligen.

Healing

Healing utgår ifrån och är sammankopplat med energierna. Det finns idag olika läror, om hur healing skall utföras. Vilken modell man än väljer har de i stort sett samma syfte och ursprung. Jag har provat flera olika modeller och min uppfattning är att skillnaderna främst ligger kring hur upphovsmakaren utförde healingen. Healing kan alla utföra och man behöver ingen utbildning för det, men man ska komma ihåg att det inte är vård och man kan inte ge några utfästelser på något sätt, för makten ligger inte hos den som ger healing, utan i kraften bakom, och den styr vi inte över. Vi får bara låna lite och förmedla den vidare, likt en kanal för energi. Styrkan ligger i att energin riktas, centreras till en punkt eller individ och där förstärks av just detta. Fungerar det, så fungerar det, annars inte. Inga konstigheter. Min erfarenhet inom detta område visar att fantastiska resultat kan uppnås, men också att inga resultat märks och vetenskapligt har man ännu inte kunnat bevisa att det fungerar. Dock har läkekonsten till viss del anammat att det har betydelse, såtillvida att man accepterar att något fungerar i samband med detta. Om det sedan är energiflödet, den helande atmosfären eller ren placeboeffekt, kan vara svårt att visa. Om man talar om resultaten är det kanske ovidkommande om det är healingen eller placeboeffekt, så länge det fungerar. Problemen uppstår när man hävdar något som läkande eller helande, men inte har bevis som styrker detta påstående och då räcker det inte med att en person blir bättre av handpåläggning, för det kan vara något annat som är avgörande och detta måste man ha respekt för och ta hänsyn till. Jag tycker att man visst kan lägga händerna på någon, så länge man inte påstår att man kan bota sjukdomar eller annat. Om det sedan ger den effekten är det såklart positivt och absolut inte omöjligt.

Jag har som sagt upplevt och bevittnat mycket intressant resultat av healing och om du vill ägna dig åt healing, är en god början att fokusera på att stilla dig, kanske om du har någon favoritövning för att samla in dina energier. Om personen du ska ge healing till sitter eller ligger, spelar mindre roll, utan välj det som är mest bekvämt för er. Man kan sedan ge en mer allmän healing och flytta händerna över kroppen. Man kan göra det genom att flytta händerna parvis och stanna upp en stund och låta energierna flöda in i den andra personen. Man kan också öka avståndet mellan händerna. Direktkontakt är inte nödvändig, men det förstärker upplevelsen. Man kan också koncentrera sig på att bara ge healing i ett specifikt område, till exempel en armbåge eller någon valfri kroppsdel, kanske plats på kroppen för någon del i kroppen. Stanna där då en stund med dina händer och se inom dig hur energierna flödar. Vinkla upp händerna på högkant så att det blir som en tunnel där de skadade energierna kan lämna kroppen. När du känner dig nöjd, avslutar du det hela genom att åter samla dig.

Man kan också välja område på kroppen genom att känna sig fram och känna av energierna, där det behövs. Samma process, kan man också använda för att hantera kroppens chakran, öppna, stänga, hela eller balansera.

Inte speciellt märkligt, egentligen.

Energier

När vi talar om healing är det energier det handlar om, men energierna har mycket större betydelse än så. Allt vi ser och allt vi är, består av energier som vibrerar enligt en given våglängd. Man kan säga att när vi började bemästra byggkonsten, var det i själva verket så att vi började att bemästra komprimeringen av energier, till precis rätt sammansättning för att ändamålen skall uppfyllas. Energierna omfattar ju även de teorier som fysikens lagar bygger på, men det stannar inte där. Vad som saknas är de teorier som man ännu inte upptäckt, eller snarare fastlagt. Nu kommer det att dröja en tid innan detta sker, men om man blickar runt på jordskorpan kan man skönja ett visst ljus i upptäcktstunneln. Det paradoxala i detta ligger sedan i att trots att vi idag ligger ganska långt fram när det kommer till möjligheterna att hitta dessa nya teorier, så begränsas vi mer än någonsin, på grund av ogynnsamma upptäcksmiljöer och strukturer. Detta begränsar utbytet av resultat och upptäckter. Många forskare av idag, struntar i dessa barriärer, men inte tillräckligt många. För att nå mer direkta och skyndsamma resultat skulle det krävas att barriärerna i stort sett eliminerades. Detta kommer dock inte ske, eftersom forskning främst är en fråga för företag, som finansierar detta. Dock ser även de hindren som måste överbryggas och det kan ske med vettiga affärsuppgörelser, men det går inte tillräckligt fort. Om man tog det på allvar, hade vi redan idag varit befriade från föroreningar från fossila bränslen. Och när det kommer till mer "subtil" forskning som energier, energiers utvinning, utvidgandet av fysikens lagar och vad det kan användas till, finns inte särskilt mycket direkta pengar att hämta och resultatet kanske "bara" blir hedern, så risken är att det kan dröja. Det blir väl någon underdog-forskare som funnit finansiering på annat sätt. Lite som en viss handläggare på patentverket i Bern, fick göra.

Energierna är inte separerade från oss, utan en del av oss. På så vis påverkas allt och alla runtom oss av våra energier. Utstrålar vi positiva energier är det just det som träffar omgivningen, likadant med negativa energier. Inga konstigheter.
Börja nu med att låta energierna bana vägen för dig i din nya händelserika period. Om inte annat - testa en tid, bara för att se.

Tarot

Tarotkorten förtjänar lite eget utrymme. Dess betydelse skall inte förringas. Om man är lite obekant vad gäller medialitet och vad det för med sig, kan tarotkorten vara en dörröppnare. När man skaffar sig en tarotlek följer ofta en liten beskrivning av kortens betydelse med. Den är bra för att "få igång" dig i dina tolkningar. Med tiden får dessa beskrivningar mindre betydelse, till förmån för din egen känsla för kortets betydelse. När du väljer lek, är det klokt att välja en som tilltalar dig, antingen genom hur korten ser ut, vad tillverkaren givit den för namn, eller bara för att. Kanske får man den som gåva. Jag brukar använda korten som en kapsel av information.

Genom att läsa, känna, tolka de energier som bundits till korten får man ett ganska direkt budskap och jag bestämmer själv vad kortets placering innebär, exempelvis dåtid, nutid, framtid eller gillar hon mig, får jag jobbet. Men man ska också komma ihåg att som man frågar får man svar. Jag avstår att ge förslag till olika läggningar, för det ser jag som en upptäcktsresa som du får göra. Enklast är att du väljer en fråga att ställa och sedan vad de enskilda korten som läggs skall visa, till exempel dåtid/vad som varit, nutid, framtid/vad som kommer, om man drar tre kort. Om det går, låter du den, som du lägger för, dra korten. Med tiden har jag fått några favoritkort och det är ”The hanged man”, ”Death”, ”The magician”, ”The lovers” och när jag är på humör ”The devil”. De har alla sin plats, sin betydelse och energi, med i huvudsak distinkta budskap att förmedla. Om du använder korten regelbundet är det en bra väg för att öppna dina energier för andevärlden och utveckla din medialitet. Och desto mer du använder korten, desto bättre budskap kommer du kunna utläsa, varefter dina energier ackumuleras i dem gång efter annan

Jag är av den uppfattningen att alla ska ha minst en tarotlek. Har man flera kan med fördel känna sig för, beroende på tillfälle.

Låt magin flöda!

Ouija-bräde

Ett annat intressant verktyg är ouija-bräden. De syns relativt ofta i film, men syns mer begränsat till försäljning. Ofta blir man tvungen att skapa ett eget och det blir då "anden i glaset". Det är intressant med dessa bräden, då jag ofta hör en viss rädsla för dem, och det är inte ovanligt att man avråds att använda dem. Precis som allt annat är det energier vi har att göra med och i detta specifika fall, energier från andar som försöker kommunicera. Bäst resultat tycker jag att man får om man är minst tre personer, men helst inte fler än fem. Minst tre, för att det är lättare att uppbringa tillräckligt mycket energi i rummet för att möjliggöra förflyttningen. Max fem, för att gruppen inte ska börja splittras så att tankar och energier inte börjar riktas annorstädes. Det kan annars bli att man börjar skapa nya "undergrupper" i gruppen, eftersom vi människor har en tendens till att göra just det. Det kan även gå med två, men risken är att det blir ett osammanhängande resultat och man får kanske inte hela ord. En annan avart som jag noterat är att det ibland tenderar till att andar hänger kvar och stör i vardagen. Är man inte van, kan det vara lite obehagligt, men jag kan inte säga att jag störts något nämnvärt av det. Dock är väl det, den främsta anledningen till att många avråder till användning och i synnerhet till att barn utforskar detta. Om du själv hamnar i detta dilemma, vill jag uppmana till att försöka omfamna andra sätt, för barnen att utforska området, om man inte vill att de ska använda bräde eller anden i glaset. Det finns trots allt en nyfikenhet och kanske en längtan efter att få svar på frågor som de bär på. Detta sug efter kunskap går inte över av sig själv och det kan vara bättre att vara med och påverka, än att de själva ska famla i mörker. Har man ingen naturlig väg att gå, är det i vart fall bättre att man famlar i mörker tillsammans. Ljuset finns där för att bli funnet.

Tomhet

Tomheten är ett ganska så intressant tillstånd. Många gånger förknippar vi det kanske med att något är tomt, som ett glas eller en plånbok. Tomheten kan vara så mycket mer, som ett känslomässigt vakuum, när man inte känner något för någon eller något. Man kanske upplever en tomhet om man är försjunken i sina tankar och blickar ut, utan att egentligen registrera några intryck. Även tomheten kan innehålla någonting, som känslor som man inte riktigt vågar känna, just nu, eller en förväntan över en tomhet som skall fyllas. Blickar vi ut, kanske luften omkring verkar tom, men den innehåller livsnödvändiga ingredienser. Även rymden, med dess vidsträckta tomhet innehåller någonting. Tidigare var det just tomhet, men sedan blev man tvungen att revidera detta, då man konstaterade att det innehåller något. Nu har man kommit fram till att det kanske är tomt, i alla fall, men kanske inte helt, eftersom något finns där som påverkar gravitationen, eller snarare något som har gravitation som påverkar kringliggande synlig materia. Så här kommer man att hålla på, tills man vet säkert hur det är, om det någonsin sker. Man behöver dock ha en nyfikenhet och ifrågasätta, för att finna det okända och då kan vi se att tomheten egentligen är detsamma, fast i annan form och färg. Likadant upplever jag att det är med känslor och mitt eget känsloliv. Där det är tomt, kan det egentligen ligga en nyckel för att komma vidare. Jag ser det bara inte, för att jag är rädd, låst i tankarna, att andra känslor måste bearbetas först och så vidare. Jag kan uppleva att jag kan närma mig detta genom exempelvis meditation, där jag kan nå mitt medvetandes centrum. Naturligt nog, så är detta centrum inte kvar på samma plats, vid nästa tillfälle, eftersom centrum per definition, måste förflyttas i korrelation med mitt växande, så centrum blir ett relativt begrepp och inte en fast punkt.

Och när vi möter något som verkar vara tomt, trots att vi förväntade oss något där, händer det något inom oss. Våra tankar börjar vandra och ifrågasätta och kontakt uppstår med känslor som inte låg i frontlinjen. Mycket händer där ingenting tycks finnas, och ännu mer kan sedan hända, med oss som vi inte hade med i beräkningen.

Hände det något med dig, när du läste vad som stod på de tomma sidorna, tidigare?

Känn efter! Man ska alltid känna efter och nyfiket begrunda vad som finns bakom det vi ser. Testa, det är ohyggligt spännande.

Kanske ser du och känner att du inte har alla svaren och lösningarna på ditt liv. Kanske finns det oskrivna blad, kanske kan något göras annorlunda. Kanske förstår du att du inte kan styra allt dit du vill.

Och kanske kommer detta utav ingenting, en tomhet och frågan är då om det är så otroligt fel att inte veta, alla gånger, att inte ha svaren. Kanske är det till och med något bra att inte veta, för det lämnar utrymme för något annat att skapas. Det kan ju vara början på något nytt och spännande.

Och lyckliga är de som inte vet att de borde vara olyckliga.

Och kanske är det så vi människor lever våra liv, ingen som vet något, men alla gissar, några i grupp och några ensamma. Så tar vi oss igenom våra liv, i vår vardag, vi gissar oss fram och väljer det som fungerar, där och då, för det är ingen som egentligen vet. Det är liksom bara tomt.

Var snäll mot dig själv – Våga!

AMOR TUSSIQUE NON CELANTUR

Ensamhet

Varför skräms så många av ensamhet? Ensamhet kan vara både positivt och negativt och det beror nog främst på varför man upplever ensamhet. Det behöver inte betyda fysisk ensamhet, utan det kan lika gärna handla om mental och känslomässig ensamhet. Många människor upplever ensamhet även i en relation, medan andra kan uppleva samhörighet när de är fysiskt ensamma. Så länge ensamheten är självvald tror jag inte att det behöver vara negativt, men om man är påtvingad ensamhet, kan det vara direkt skadligt för oss. Studier visar att det är lika skadligt som rökning, för vår hälsa. Det tycks finnas goda skäl till att själv utröna vem man är i denna fråga och vad man vill.

Nyttan med att vara ensam om det är självvalt kan ligga i ett minskat brus från omgivningen och en del kan då ha lättare att höra sig själv. Det kan också vara lättare och mer uppfyllande att blicka inåt och få vara kvar i de känslorna. Kanske upplever man en starkare gemenskap med sitt andliga jag, sitt emotionella jag. Emellertid kräver den emotionella sidan att man möter andra människor för att känslorna ska kunna mötas och erkännas, så det fungerar inte i en absolut mening. Med besök hos andra människor kan det dock fylla ett ganska stort behov hos många, att finna och förstå sina känslor tillsammans med sin andlighet för att därefter möta andra människor för bekräftelse, validering av dessa känsloupplevelser. Ensamhet kan också vara ett sätt att uppnå större gemenskap med andra delar av världen, som växtlivet, djurlivet eller naturen som helhet. Vad man än väljer tror jag att det är viktigt att man är på det klara över varför man gjort det val man gjort. Att välja ensamhet kan vara ett sätt att inte konfrontera sådant som är jobbigt i gemenskap, eller att man tycker att det är jobbigt med andra människor eller sociala funktioner. Att välja ensamhet då kan ju innebära att man egentligen flyr det som är jobbigt och man i själva verket skulle vilja vara i en gemenskap med andra människor. Ensamheten blir då inte längre självvald utan påtvingad och då rent av skadlig för både den psykiska och fysiska hälsan. Det svåra kan vara att välja det som är rätt, vid rätt tidpunkt. Alla kan nog känna att det vore skönt med "egentid", tid för kontemplation och eftertanke, men det viktiga är att göra detta i sådan omfattning att det gynnar en, och återknyta till gemenskapen när tiden för detta är mogen. Du är nyckeln till denna process, genom att lyssna på dig själv, din hälsa och dina känslor, kan du avgöra när tiden är mogen för det ena eller det andra.

Man ska inte heller negligera nödvändigheten med ensamhet, för det är nödvändigt för att kunna växa invändigt och likt andra muskler i kroppen behöver vi vilan för att kunna växa.

Sedan finns det andra situationer där lösningen inte alltid är enkel, som exempelvis, att leva i en relation och känna sig ensam. Häri ligger inga enkla lösningar, rent praktiskt, men ekvationen är dock densamma. Att vara i påtvingad ensamhet mår man inte bra av, men lösningen kan vara lite mer komplex, i någon mening, än om man inte är i en relation. Komplexiteten består främst i att det involverar andra människor i större omfattning, som rent fysiskt är mer lättillgängliga än om man är fysiskt ensam, men kanske mentalt mer svårtillgängliga. I slutändan handlar det om vad du vill, vad jag vill, vad vi kan och behöver göra, för att bli lyckligare och må bättre.

Du är den viktigaste personen i ditt liv, glöm inte bort det! Utan dig, inget party.

Det är ingenting annat än ett rent mirakel att Du och Jag är här idag!

Can u see?

Iaktta, se, lyssna, känna in, förstå. Det skulle faktiskt kunna beskriva mycket av hur jag är. Utan att jag egentligen tänker på det, ser jag, betraktar, lyssnar och ler. Det är viktigt att le, men den stora frågan är om Du ser. Ser du det, du har framför dig. Ser du människorna i ditt liv? Och då menar jag inte bara se det som visas för dig. Ser du vad som inte vill döljas, men inte heller vill ta sig fram till ytan? Det finns en viss mängd information som hålls djupare och det är viktigt att låta detta bero, då personen framför dig, må ha ett visst utrymme att själv visa dig, när tiden är mogen. Men därtill kommer det som hålls just under ytan, att ge utrymme för att lätta sitt hjärta för dig, vilket vi alla behöver göra emellanåt. Att stanna upp och möta varandras blickar, på riktigt. Att våga se att det finns mer i varje människa än det som presenteras för oss. Kan du se din partner, dina barn, föräldrar, vänner så som de är. Det är viktigt att se, att vara uppmärksam på andras behov, utan att för den sakens skull ge avkall på dina behov, men att agera osjälviskt för de du har nära ditt hjärta. Att vara osjälvisk behöver inte göra dig svag och ignorera dina egna känslor. Det kan istället göra dig stark, att agera osjälviskt, med medvetenhet och utan att tappa bort dig själv på vägen. En riktigt osjälvisk handling stärker din syn på dig själv och är i själva verket en kärlekshandling gentemot dig själv. Vågar du se dig själv, så som du är? Vågar du öppna dina ögon mot världen och se? Kan du se det vackra i din omgivning. Se, se allt du möter, stanna upp, lukta och känn in och våga dansa ditt livs dans.

Kan du se världen, bortom? Den del som vi inte riktigt får "kläm" på. Kan du se dina barn till fullo, se deras själ, deras ande, se deras sanna behov? Kan du se din partners själ och ande, och samtidigt möta själen, snarare än kroppen. Vågar du kittla din partners intellekt och känsloliv? Kan du se dina föräldrars längtan och strävan efter att det ska gå bra för dig? Kan du se att de gjort vad de kunnat för att skänka dig liv och kärlek. Deras eventuella tillkortakommanden på denna punkt kommer kanske inte av deras ovilja, utan kan faktiskt bero på oförmåga och okunskap. De kanske inte alls ville dig illa, även om jag vet att det ibland kan vara svårt att se det. Mina egna föräldrar till exempel, ville mig väl och önskade mig ett gott liv. De hade mycket kärlek inom sig. Däremot hade de inte förmågan eller kunskapen att låta det ske, vilket resulterade i att det inte alltid blev så bra. Men de brast inte i sin omsorg om oss som barn av ovilja, utan för att de helt enkelt inte kunde bättre, utifrån de förutsättningar de själva hade.

Kan du se, bortom, dit där våra själar och andar möts. Kan du se din längtans törst? Kan du se din kärleks strävan, ansträngningar, för att du ska få ett gott och kärleksfullt liv? Kan du se att det enda kärleken i ditt liv vill, är att du ska leva i kärlek? Kan du samtidigt se vilka anledningar du har till att inte följa

182

kärlekens röst? Kan du se nyttan och värdet i att inte låta kärleken finna sin rätta plats i ditt liv? Kan du verkligen se dig själv leva ditt liv utan den kärlek som väntar dig?

Kan du se att du är värd all den kärlek du behöver och vill ha i ditt liv? Om du idag tog dina sista andetag, hur hade du då velat leva ditt liv?

Mycket av vår kommunikation är ickeverbal och kan äga rum genom god iakttagelseförmåga och att man ser varandra. Att vara mer observant i en relation kan många gånger bli avgörande för hur relationen fortlöper. Att vara observant öppnar för att på ett större djup se sin partner och se andra människor i gemen. Detta handlar om att vara nyfiken på omgivningen.

Man måste också komma ihåg att det inte kan ersätta övrig kommunikation, så att man slutar kommunicera med varandra genom tal och skrift. De flesta konflikter eller meningsskiljaktigheter jag stött på, har visat sig egentligen bestå av bristande kommunikation. Ibland förväntar man sig att den andre bort veta ändå, eller att man tolkat något fel, eller att man sagt något som den andre borde ha tolkat på ett annat sätt, än det som sades. Man kan hamna i smått omöjliga situationer och detta kan mer eller mindre elimineras genom att förändra sättet man kommunicerar på. Kanske har man då förlitat sig i för hög grad på sin förmåga att kommunicera ickeverbalt, så det går inte att sluta prata med varandra, bara för att man tror att man känner varandra till fullo, eller för att man tror sig se den andra bättre än man i själva verket gör. Frågan är då om man de facto ser sig själv, sina egna styrkor och förmågor på den nivå man är? Det är lätt att överskatta sin egen förmåga att se och tolka andra, så alla delar behövs och de fyller sin egen funktion.

En ganska enkel variant kan vara att man säger det man menar och menar det man säger. Glöm inte att ge kärlek, också!

I övrigt finns det massor med läror om hur man bäst kommunicerar med varandra och det tycks som att vi människor generellt har lite svårt att prata med varandra. Det gäller inte bara jobbiga saker, och som exempel kan jag dela med mig av en händelse nyligt där jag hade svårt att uttrycka att jag hade massor av känslor för en person. Där stod min rädsla för, att det skulle bli jobbigt för henne, i vägen och jag fick svårt att finna ord och uttrycka mig normalt.

Många gånger verkar det också som att man talar olika språk. Det man säger uppfattas inte alltid som det man sagt och ibland uppfattas saker med en djupare eller ytligare betydelse än vad som var avsikten. Frågan är om inte ett väl utvecklat språk, som svenskan måste betraktas som, i själva verket kan stå i vägen för god kommunikation. Med mindre inslag av ord, måste andra egenskaper ta vid vilket kan öka nyanserna något, och vi tvingas betrakta personen mer, lägga märke till sinnesstämning, kroppsspråk och så vidare.

Kanske är vi i denna mening i ett nytt paradigmskifte, där mer och mer av kommunikationen sker med olika former av hjälpmedel. Skriftspråket förändras, symboler tar åter större plats, talspråket kortas ner och förändras och kanske har teckenspråk fått en vidare betydelse om än i någon förenklad variant av det. För att kunna växa som individer, finns det vissa steg vi måste ta. Vi måste alla ta några steg i trappan, så krasst är det. Vilken färg just dina trappsteg har, är däremot helt unikt för dig. Likaså vart dina steg för dig. Ingen resa är den andra lik och även om vi ibland kan vilja gå i någon annans steg, förblir verkligheten sådan att vi får gå våra egna. Med ökad medvetenhet, bättre kontakt med ditt inre jag och med mer kontakt med allt runtom dig, finns goda chanser att resan framgent blir annorlunda mot den hittillsvarande resan.

Därmed inte sagt att den måste bli bättre eller sämre, bara annorlunda.

Våga se kärleken i sanningen, även om sanningen svider. Våga vara sann och samtidigt ödmjuk i dina kontakter med andra människor. Ge dina barn utrymme att växa. Om barnen eller någon annan beter sig oregerligt, ställ dig då frågan, varför? Varför, är det enda som är intressant och det som innehåller nyckeln till förändring. De allra flesta människor och kanske i synnerhet barn, har inte någon inneboende drivkraft eller önskan om att bete sig illa, eller vara rent elaka. Beteendet kan visserligen ändras, men om man inte går till botten med varför beteendet uppkom, lär symptomen bara dyka upp på annan plats i framtiden. Denna framtid kan då tyvärr vara nära förestående, så det lönar sig sällan att tro att det fungerar med någon form av snabb lösning eller genväg, genom att bara hantera symptomet.

Tänk på att du är kärlek, du har de rätta verktygen inom dig. Ha tillit till din inre styrka, ta emot hjälp om du behöver, sök hjälp om det inte kommer till dig på annat sätt, för även om du är en perfekt skapelse, kan du behöva lite hjälp att hitta dina inneboende styrkor, ibland.

Se inte bara denna dag som den första i resten av ditt liv, utan även den sista i ditt tidigare liv. Dina misstag och tillkortakommanden är borta, passerade. Endast fragment finns kvar och de finns som svaga minnen som du kan åtnjuta närhelst du behöver påminna dig om den erfarenhet du inhyser. Ingen skuld eller skam finns förknippat, endast lustiga anekdoter om hur livet kan te sig och dessa händelser har varit helt avgörande för att du ska ha kunnat bli den du är idag.

Även om du genomlidit ett rent helvete, försök att finna hur du ska kunna dra nytta av dessa upplevelser. Går inte det, försök då att glömma dem, Du kanske behöver bearbeta dem först, gör då det, och förkasta dem sedan som förbrukade händelser och minnen, och äg den energi som finns i detta och lär dig att styra denna energi på ett sätt som gynnar dig.

För det är lite för starka energier för att bara låta de passera vidare i universum.

Det enda du faktiskt kan förändra är din framtid, och då redan från och med nästa ögonblick. Resten har redan hänt.

När du sätter dig på sängkanten på morgonen, fundera då för ett kort ögonblick över hur kärleken kan fylla ditt liv idag. Tänk tanken att du älskar dig själv och så känner du hur det känns. Sedan är du redo att börja dagen, med nya kliv. Du kommer att se hur dagen förändras och kärleken börjar fylla ditt liv. Söker du en flickvän eller pojkvän, så kommer resan dit att gå med mer bestämda steg, utan att du medvetet behöver göra något annat än att leva ditt liv. Kanske får du en känslomässig spark i ansiktet redan dag ett, i ett möte med en potentiell partner. Grattis i så fall och samtidigt, jag beklagar. Det är inte bara en dans på rosor, även om det är helt galet underbart. Men tänk då på att det var du som ville det. Och det måste upprepas; Vad betyder då kärleken för dig?

Känner du kärleken till dig själv, till människor runt dig, till djuren, till naturen? Känner du ibland att kärleken bara är, utan direkt måltavla, utan syfte i ögonblicket, annat än att bara finnas till?

Vågar du känna på kärleken?

Vågar du ta emot kärlek som riktas till dig? Klarar du av att känna att du är värd den kärleken? Vågar du på riktigt stanna upp i kärleken och erkänna den, acceptera att den finns? Kan du se?

Det är inte alltid lätt att hantera kärleken, eftersom det ställer krav på dig att stå kvar i den, att fortsätta älska, att våga uttrycka, för din egen och kärlekens skull. Missförstå mig inte, kärleken ställer inga krav, utan kraven kommer i oss människor, och kraven och ansvaret innebär att våga stå upp för sig själv i förhållande till kärleken. Idag är den första dagen på resten av ditt liv och du väljer hur du vill leva. Om det är så att du känner att du själv inte kan välja, kanske det är så att något i ditt liv måste förändras.

Det är inte alltid helt lätt att dels veta vad man ska förändra och att sedan göra förändringen. Inte sällan innebär det ansträngningar, som på något sätt kan innebära interaktion med andra människor och det kan krävas både mod och styrka för att komma åt rotens kärna.

Ta den känsla du har kring detta på allvar och om du känner att förändring behövs, försök ta den hjälp som kan finnas för att hjälpa dig. Använd vänner och familj om du kan, kanske terapi, kanske andra former av stöd som självhjälpsgrupper. Att ta emot hjälp underlättar för att nå fram till vad som behöver förändras och det kan stärka band under tiden och även fördjupa kärleken mellan er. Det viktiga är att lyssna på dina egna behov och ta de på allvar och glöm inte att detta även kan innebära en sorgeprocess som egentligen börjar redan när du börjar fundera på förändringen. Ta även den processen på allvar och vårda den, det hjälper dig att komma vidare.

All den kärlek som du en gång känt till någon annan, finns kvar. Bara för att en relation tar slut, tar inte kärleken i den slut. Det enda som sker är att kärleken förändras, eller snarare hur du ser på den och vilken betydelse den får rent praktiskt i ditt vardagsliv. Alla människor jag mött och som jag älskat, älskar jag fortfarande.

Dock har gestaltningen, uttrycket av kärleken förändrats med tiden. Kärleken minskar inte till en person när jag älskar fler, snarare ökar den. Ju mer kärlek jag känner, upplever, ger och får, desto mer finns där att ge. Och varje gång jag ger kärlek, desto mer växer kärleken inom mig. Kärlek tycks vara en kraft som aldrig tar slut, den bara växer. Och tur är väl det, det tycks behövas i världen och kanske är det kärleken, om något, som kan lösa det kaos som världen går igenom just nu. Vi vet ju också att kaos betyder förändring och ur kaos föds ordning, så allt kanske är just precis så som det ska, trots allt.

Och det finns inget du måste göra för att finna kärleken. Kärleken finns redan inom dig och runt dig, låt den bara vara en del av dig. Tillåt dig att uppleva kärlekens alla nyanser, du är värd det. Glöm inte heller att ingen kan ta din kärlek ifrån dig.

Även alla olika budskap om upplysning och himlen är desamma i sin essens, de uttrycks och beskrivs bara olika. Den här boken är inget undantag. Inget nytt under solen, bara andra uttryckssätt. Den här boken är din, jag har ingenting med den mer att göra. Jag vet att den hamnar där den ska.

Våga vara kärlek,

våga uppleva kärlek,

våga vara du.

Ge all den kärlek du har.

Matematik

Nu skulle man kunna undra vad matematiken har med kärleken att göra. I min värld är inte matematik separerad från resten utan är en integrerad del av verkligheten. Allt som vi ser är matematiskt uppbyggt, även naturen som följer ett matematiskt mönster. Matematik är inget som behöver induceras, den finns där hela tiden och kan snarare ses som en förklaringsmodell, ett verktyg som kan beskriva verkligheten. Jag formligen älskar matematik i allmänhet och siffror och formler i synnerhet. Kan man göra annat?

Jag vill inte påstå att jag är särskilt matematiskt kunnig, men jag äger en beundran över hur matematiken är sammansatt. Samtidigt vet jag att vi har mycket kvar att upptäcka om matematiken, som är nödvändig för att beskriva nya och oupptäckta områden inom kemin och fysiken. Fysikens lagar som vilar på till synes stadiga grunder, men som omkullkastas vid förändringar av det som vi uppfattar som statiska tillstånd i världen. Med utgångspunkt från gravitationens och materiens lagar, krävs nya upptäckter och fördjupad förståelse för vad vi faktiskt kan uppnå vid en vidare och mindre stringent syn på matematikens och fysikens områden. Däri anser jag att nyckeln finns till att bemästra gravitationen och materiens tillkomster och utnyttjanden.

Och man ska inte heller underskatta betydelsen i numerologin, som har sin utgångspunkt i matematikens vackra värld.

Jag känner också stark kärlek till geometriska former av alla de slag och det kommer, tror jag, av att de utgör en viss perfektion av siffror och beräkningar. Bara genom att dra några streck, har jag plötsligt skapat en formel, där alla delar ses, beräknas och upplevs i förhållande till varandra, snarare än till sig själv.

Lite som vi människor, med andra ord. För att inte tala om relativa begrepp, som vi tar för givet, men som med ens kan upplösas, genom att förutsättningarna eller ingångsvärden förändras.

När det gäller matematiken som sådan kan dagens matematik inte ge oss de svar vi behöver. Ny, annan matematik krävs, kanske dagens matematik i mer utvecklad form. Vi måste gå förbi normer och begränsningar för att finna nya öppningar, för att vi ska kunna ta oss dit vi vill. Detta gäller både för själva matematiken i sig, men framförallt beträffande fysikens utveckling. Vi har fram till idag endast skrapat på ytan när det kommer till matematiken och fysiken. Nya enorma upptäckter kommer i kölvattnen av nya förändrade förutsättningsmodeller och beräkningsmodeller.

Jag säger som Jacob Dahlin en gång sade;
"Skål tamejfan!"

The Darkness

Mörkret kan vara en mycket mörk plats, men det kan också vara en nyckel till bättre dagar, bättre upplevelser och ljusare händelser. Vi är beroende av mörkret om vi ska uppleva ljuset. Många gånger strävar vi efter att hålla oss borta från de mörka sidorna av livet och en del förknippar det med något fel, syndigt, med diaboliska handlingar och liknande. Frågan är om vi ska vara rädda för mörkret, om det finns anledning att vara rädd. Mörkret förknippar jag med de sidor av mig själv och mitt liv, som jag inte riktigt vill se eller konfrontera. Samtidigt är det nödvändigt att erkänna och konfrontera just dessa sidor. Ju mer ovilja eller olust jag känner inför uppgiften, desto viktigare är det att jag tar itu med det. Det om något har jag lärt mig på livets vackra väg, fylld med kärlek och känslor.

När man gör en djupdykning i mörkret är det lätt att tro att man aldrig kommer ut till ljuset igen, men jag upplever det som att det är tvärtom. För att vara kvar i ljuset, återkomma till ljuset eller kanske få in ännu mer ljus i livet, måste jag ta resan genom mörkret och trots elände och smärta är det en fantastisk resa som gör att man upptäcker nya sidor hos sig själv. Det är också en resa, eller djupdykning som man bör göra med ojämna mellanrum, när behov uppstår. Det bästa är om man upptäcker behovet innan det uppstår, för när det väl uppstått är det på ett sätt försent. Försent, för en behaglig resa. Kan man göra den innan behovet visar sig, kan man undvika en hel del av smärtan och lidandet.

I mörkret föds också ljuset, så utan mörker inget ljus. Finner du inte ljuset, måste du in i mörkret, för det är där ljuset gömmer sig. När du är där, kommer du också att upptäcka att kärleken är som starkast, just där och du har möjligheten att välja hur kärleken skall användas i just ditt liv. Omfamna mörkret, se det som en nödvändig del av dig själv, ge av dig själv, älska mörkret och älska även den sidan av dig själv, som du helst inte vill släppa fram i ljuset.

Det är också mörkret som härbärgerar de mer melankoliska tillstånden i mitt liv, smärtan, självplågandet, depressionerna, lidandet, skuldbeläggandet och de självdestruktiva handlingarna, och för att inte glömma, ångesten. Ångesthelvetet, som inte alls bara är av ondo. Det är som en signal om att skit är i görningen, även om det är svårt att se det just då, för smärtan är för stor. Tyvärr äter ångesten lite väl mycket energi ur kroppen, så det kan upplevass svårt att klara av enkla dagliga uppgifter. Däremot är känslan som ångesten när, mycket intressant, när man ser saker lite tydligare och ljusare och smärtan minskar i kroppen. Kanske har man fått med sig ny kunskap, nya erfarenheter med sig in i ljuset.

För i helvete Människa! Ge Dig själv lite Kärlek!

DUM SPIRO, SPERO

Döden

Tills döden skiljer oss åt. Denna fras känner många till, men vad betyder den, egentligen? Använd i bröllopssammanhang betyder den bland annat, att man lovar varandra trohet, tills döden inträffar.

Hur ser döden ut? Vad betyder döden? Jag tror att alla har sin egen relation till döden och det är lika naturligt som att vi har en egen relation till livet. Det finns flera olika sätt att komma i kontakt med döden. Någon man bryr sig om avlider, eller kanske för att man råkar ut för något så att man dör, men kommer tillbaka eller för att man är väldigt nära att dö.

En gång för ett antal år sedan gick en kille, som vid tillfället var 16 år, igenom den stad där han bodde. Han kände till i stort sett varje gathörn, trots att det var en ganska stor stad. Han visste också i stort, vilka människorna var som vandrade genom stadens djungel en normal dag. Man kan säga att myllret av människor, följde ett mönster, det fanns en viss rutin och det fanns outtalade koder, med vilka människorna kommunicerade. Man kommunicerade inte så mycket genom tal, utan det var mer kroppsrörelser, gester och ansiktsuttryck, som användes, när människorna passerade, eller följde varandra. Några stannade alltid till vid bankomaten, andra gick samma väg till tåget, medan några bytte väg, med en viss frekvens. Man skulle kunna se det som att rutiner bröts, men det var snarare så att avvikelserna ingick i detta mönster och var en del i rutinen. Alla hade sin rutin, en del följde den slaviskt, emedan andra kunde vara mer flexibla. Även detta kunde han känna in och se, när skiftet i mönstret skulle inträffa. Allt eftersom detta skifte också var en del av rutinen. Genom att betrakta, iaktta och delta själv blev han med tiden väldigt säker på att läsa av detta mönster. Vad han då upplevde tillfredsställande var att hjälpa de som satt fast, att själva bryta sina invanda mönster, så att dennes rutin expanderade och blev större. På det ena eller andra sättet föra in hinder, störningsmoment, för att framtvinga val av en annan väg. Mitt i denna process, som var ständigt pågående fick han så en påminnelse. Han blev påmind om det vackra i livet och hur mycket han skulle sakna det.

Genom stadsvandringen mötte han personer som han kände ytligt, från en annan del av staden. Han noterade deras ankomst på håll och läste ögonblickligen av deras emotionella status. Han försökte att välja en annan väg, men de hade redan markerat sitt byte och gensköt honom. Då han visste vilka dessa personer var, ville han inte bråka mer än nödvändigt med dem och med tanke på att de var sex personer, var oddsen emot honom. Ledaren i flocken, säger att vi måste snacka och de går runt hörnet av byggnaden, och lämnar kort de övriga. Ledaren frågar om killen har några pengar. När han säger att han inte har det, vilket han inte heller har, frågar han igen, men med ändrat tonläge och ansiktsuttryck. När inte heller detta räcker, drar han fram en kniv och nu har resten anslutit. Killen har fortfarande inga pengar. Slag utdelas, killen hamnar på marken. När han slår upp ögonen, minns han slag men inte hur han hamnat på marken. Han har kniven mot halsen och ledaren ger ett löfte – jag ska skära halsen av dig! Ge mig pengarna. Killen som är en paralyserande rädd, får inte fram ett ord, men han känner händer som går igenom hans kläder, fickor, skor. Plötsligt hörs röster, som ropar "vad håller ni på med", "sluta". Plötsligt är alla borta och killen ligger chockad kvar på marken.

Det hela blir sedermera en rättslig historia, men det som han starkast, efter en tid känner att han fått med sig, är en ändrad syn på sitt eget liv. En tacksamhet över att få leva och den tro han burit med sig blir ännu starkare. Kärleken måste tas till vara på, vårdas och levas efter, medan man fortfarande kan. Det måste ske medan vi fortfarande lever och döden kan när som helst rycka oss ifrån livet här på jorden. Även om tidpunkten för dödens inträffande är rätt, eller förutbestämd, så är det inget jag med säkerhet kan förutse, varför det för mig blir en överraskning när helst det inträffar.

Döden kan vägleda oss in i våra egna liv och man kan dra nytta av de livsomvälvande tankar och känslor som kan uppkomma när någon annan avlider, eller om vi själva står öga mot öga med döden. Använd dessa stunder, vårda dem

ömt ty de föra oss närmare vår själ och det
är lättare att få ett grepp om vad som är
viktigt, egentligen.

Värt att nämnas är att killen, några
veckor tidigare, planerat sitt eget
självmord. Trots att han planerat sin död,
var han livrädd för att dö, vilket blev en
grund för eftertanke. Trots allt kanske han
inte ville dö, han orkade bara inte att leva.

Och trots smärtan som kom av traumat
runt händelsen, som även 30 år senare, gör
sig påmint, har kärleken en allt större del i
denna mans liv.

Ante Mortem

Om något visar olika typer av händelser
som befinner sig nära döden, oavsett om

det är frågan om att man kunde ha dött, eller att man dött och återupplivats, att det viktiga är tiden före döden. Hur vi förvaltar den tiden. Min erfarenhet visar att det uppkommer en situation där saker som varit viktiga i livet plötsligt saknar egentligt värde. Det blir tydligare för en själv vad som är viktigt i livet och det är inte materiella ting. Snarare är det viktiga, människor och djur om man har sådana, relationer, känslor och kärleken till dessa människor. Plötsligt blir det viktigt att ta vara på tiden med de man bryr sig om och det är viktigt att förmedla känslor som man har för dem.

Jag minns ett tillfälle, när jag åkte av vägen och när det sjunkit in, hur nära det var att det hade kunnat sluta där och då, kom den där känslan, av att vilja ge min kärlek, förändra mitt liv och leva närmare mig själv. Jag kontaktade en del människor och talade helt enkelt om för dem vad de betydde för mig, vilket också inkluderade personer som jag inte haft kontakt med på länge. Även om någon hade svårt att ta emot kärleken, så var det skönt och befriande. Samtidigt fick de veta att de lämnat positiva avtryck i en annan persons liv. Ibland bara genom att finnas till.

Döden är inte bara slutet på detta jordeliv, det kan också innebära en nystart om man betraktar värdet i döden i en mer symbolisk mening, och kan finna kraft till att leva livet på ett annat sätt, som är mer som man egentligen vill. Stunder som dessa blir då att en del av en dör, för att låta en annan födas. Första dagen på ditt nya liv och sista dagen i ditt gamla. Jag brukar försöka påminna mig om detta till vardags, så att mitt liv går åt rätt håll och att livet faktiskt kan ta slut när som helst. Förmedlar jag inte min kärlek idag, kanske chansen inte återkommer.

Kom ihåg att det är nu vi lever före döden. Vänta inte med att leva, vänta inte med att ge kärlek, vänta inte med att kramas.

När det är slut, så är det slut, och det är inte lätt sedan att tränga igenom och det är inte heller säkert att den du vill ha kontakt med, tror på att det är du.

Så säg att du älskar och ge den där kramen och gör det nu! Hångla, om du får tillfälle!

TUAM IPSAM VIVE VITAM, QUIA
TUAM IPSAM OPPETES MORTEM

Mål i livet

God morgon! Det du ser nu, är livet. Hur grått och tråkigt det än är, så är det ditt liv. Måhända är det inte alls grått och tråkigt, utan soligt och härligt. Med glädje skuttar du ut i köket för att starta dagens frukost, om du nu äter frukost. Med ens känner du din passion och längtan till livet byggas upp. Vad ska just du få uppleva idag? Vad är din innersta längtan? Vad är dina drömmar gjorda av?

Mina egna tankar far iväg mot mål i livet. Det fanns en gång i livet när jag hade mer konkreta mål, som uppnådd utbildning, karriär, barn, familj, hus, bil, sommarhus, utlandsvistelser och liknande.

Numer stannar mina mål vid viljan att ta del av livet. Detta är inte ett helt självklart mål, varken för mig och inte heller för många andra. Jag strävar således efter att vara en aktiv del i mitt eget liv. Jag tror att det är viktigt att erkänna även den sidan av mig som människa, att jag har stunder då mitt eget deltagande i mitt liv inte är en självklarhet, och jag tror att jag inte är ensam med denna typ av känslor och tankar. Livet som sådant kan faktiskt vara ganska tråkigt. Ofta mycket upprepningar med korta inslag av glädjeämnen. Och kanske är det helt enkelt så att livet inte blir mycket roligare än vad vi gör det till. Kanske vilar det ett större ansvar på mig själv, för att livet skall fyllas med mer glädje. Kanske kan jag genom att ta större plats, och öka min delaktighet i mitt liv

216

också förändra livets innehåll. Jag har också som mål att vara sann. Jag vill vara sann främst mot mig själv, vilket innebär att vara sann mot andra. Därför är det viktigt att även angripa de tyngre känslorna och jag tror att de tyvärr är nödvändiga för att jag ska finna balansen i min längtan efter att leva i ett med kärleken. På så vis är jag inte särskilt rädd eller missnöjd när känslorna och tankarna av ifrågasättande dyker upp. Jag är tacksam över att de dyker upp och lika tacksam när de går. Och fråga mig inget som du inte vill ha svar på. Ibland ställer människor frågor, för att man tyck vilja ha ett urvattnat halvhjärtat svar, men mitt problem, eller ditt problem med mig är att om jag svarar så får du höra sanningen. Varken min eller din sanning är objektivt riktig, men jag förmedlar min sanning som är den enda som jag normalt sett har tillgång till, och kan kontrollera. Med det sagt så innebär den sanningen att det kan vara tufft att höra och kan upplevas jobbigt och kan vara svårt att hantera. Inte bara för att det kan verka hårt och tråkigt, utan för att det lika gärna kan vara mjukt och känslosamt. I min värld är det trots allt mer kärleksfullt att svara uppriktigt och sant, både om det är bra eller dåligt.

Av någon anledning är det svårt att välja det goda, framför det onda. Det krävs mer viljekraft. Det är precis som att det dåliga eller onda är normalläget, så för att komma därifrån måste jag göra en aktiv handling och befästa en vilja eller önskan från min sida. Det här tror jag kommer av att ingen ska förvänta sig mer godhet än vad man "betalar för". Varför tacka restaurangen för att de lagade din mat? Varför tacka personalen i mataffären för att de möjliggjort för dig att införskaffa dina varor? Det är ju det de har betalt för att göra. Detta tankesätt tror jag leder till att vi aldrig förväntar oss mer eller mindre, från någon, utom förstås om någon ska klaga då.

Nu var det ju inte alltid bättre förr, men den aspekten tror jag var lite bättre. Vanliga fraser som tack, varsågod, välkommen och adjö, var vanligare förr och vi har nog allt blivit lite rakare och krassare mot varandra, som gör att vi inte förväntar oss mer, men kanske mindre. Så låg tilltro har vi till våra medmänniskor, fast vad vet jag? Det kanske bara är jag.

Vad kan då jag göra för att ändra detta,

om jag nu tycker att det är så fel?

Jag kan börja med just detta, att visa min tacksamhet över sådant jag är tacksam för. Jag kan visa min glädje över att få ha umgåtts med någon person. Jag brukar med ojämna mellanrum, säga till någon att jag är glad över att denne finns och det kan vara både en man eller en kvinna, utan att mena något annat än just bara det. Många har svårt att ta emot det och det är lite tråkigt, men desto större utrymme för växande. Och kanske gör det att det är än viktigare. Eller, kanske ett tack så mycket, vad fin du är, när man tar emot växeln i affären. Det viktiga för mig är att jag känner att jag menar det och inte behöver tvinga fram det, samt att jag i den stunden inte menar annat än just bara det. Man kan uttrycka glädje och tacksamhet över att någon sagt något, kanske något viktigt som jag själv inte tänkt på.

Plötsligt utkristalliseras en ny väg, med nytt mål, där målet blir sekundärt, endast en riktning. Resan dit är det nya målet. Det är själva resan som är viktig.

Vad kan jag göra för livet idag?

Upplevelserna och människorna är det som är viktigt. Kärleken som uttrycks är viktig. Jag har en skyldighet mot mig själv att skapa så goda förutsättningar som jag kan, för att jag ska kunna leva ett sådant liv, där kärleken, upplevelserna och människorna får vara viktiga och en stor del i mitt liv, och inte bara en tankebubbla. Det är inte alltid lätt att skapa detta utrymme, men även processen av att försöka är en kärlekshandling gentemot mig själv och det är den kärleksrelationen som är den absolut viktigaste. Lite i taget, en dag i taget, kanske en minut i taget, går jag i den positiva riktning som jag behöver i mitt liv, för att må bättre, få ge mer kärlek, få ta emot mer kärlek, få uppleva mer och få vistas i större omfattning, tillsammans med de människor som jag vill ha i mitt liv.

Mina mål kan ganska enkelt sammanfattas med en någorlunda fungerande vardag, kärleksfulla relationer och att vilja leva.

Och när det gäller att leva i kärleken, med kärleken, så är det lätt att måla upp en drömbild, ett önskat tillstånd, där det är lätt att vara kärleksfull och leva i en relation. Eller ge tillräckligt med kärlek till barnen, så att de får växa på bästa sätt.

I själva verket är det allt annat än lätt. Kärleken i vardagen är komplicerad och det kan lätt bli att man målar en utopisk bild av kärleken. Men kärleken är allt annat än utopisk, den är här och nu. Vardagslivet däremot kan innebära stora utmaningar och komplikationer. Det kan då se ut som att det inte räcker med kärleken för att få det att fungera. Min uppfattning är att kärleken är ett krav för att livspusslet ska gå ihop. Det är i vardagen som kärleken finns och vi kan använda kärleken när vi har svårt att hinna med arbete, skola, hämtningar, lämningar, inhandling, matlagning, mys, sex.

Då kan det handla om att samarbeta, hjälpas åt, be om hjälp, stötta, kramas, lyssna, förklara, ifrågasätta, ta hand om varandra, eller bara vara snälla mot varandra.

Framförallt handlar det om att se varandra, höra varandra, lyssna på varandra och att se varandra ordentligt.

Sluta tjafsa – Älska!

Hommage till kärleken

Den här boken är för mig en hyllning till kärleken. Kärleken som är så stor i sin natur, men nästan inte synlig. Tänk bara vad vi skulle kunna göra med kärleken om vi bara bestämde oss. Den kräver väldigt låga transportkostnader, inte så mycket förvaringsutrymmen, men den kan göra underverk för oss människor och mänskligheten.

Det är också en hyllning till dig och till mig, för att vi finns till på denna jord och försöker göra livet bättre. Alla som drabbats av denna bok, har smittats av någonting som inte bara kan tas bort, ens om man vill. Kanske är det en känsla om författaren, om läsaren, om barnen, om världen, om partnern, om kärleken, om livet. Något är man drabbad av som gör att man tvingas till andra tankar.

Ibland stora skillnader, ibland mindre, men något har hänt. Det är också lätt att måla upp en lite utopisk bild av hur kärleken ska vara och hur kärleken är. Glöm då inte, att det blir inte alltid som man tänkt sig. Jag tror att det är bra att måla upp en stark bild, men vara medveten om att det kanske inte blir så och samtidigt inte vara alltför slavisk i sin iver över att få uppleva kärleken på just det sättet. För mig är kärleken just så, att trots, eller tack vare, att det inte blev som jag tänkt, blir det just så vackert det kan bli och själva avvikelsen blir det som gör situationen perfekt.

Sök gärna det perfekta, men gläds åt avvikelserna och hylla dessa. Kärleken kommer precis just så, som den kommer, sedan är det upp till oss om vi klarar av att stå kvar på perrongen eller om vi ska följa med på kärlekståget.

Kärleken förändrar oss som personer, var glad för det och omfamna det!

– NOW, CAN U SEE? –

ACTA FABULA EST, PLAUDITE

Ignara in amoris icidit amorem

Ovetande greps hon av kärlek till kärleken

Amor tussisque non celantur

Kärlek och hosta går ej att dölja

Veritas liberabit vos

Sanningen skall göra er fria

Tuam ipsam vive vitam, quia tuam ipsam oppetes mortem

Lev ditt eget liv, för du ska dö din egen död

Acta fabula est, plaudite

Skådespelet är slut, applådera

Dum spiro, spero

Så länge jag andas, hoppas jag

Ále muital geasage (nordsamiska)

Berätta inte för någon